MW01407054

Գ.Վ. Մինասյան (Մինասով)

ԴՈՒԴՈՒԿԻ ՁԵՌՆԱՐԿ

3-րդ վերամշակված և լրացված հրատարակություն

Г.В. Минасян (Минасов)

ШКОЛА ИГРЫ НА ДУДУКЕ

3-е переработанное и дополненное издание

G.V. Minasyan (Minasov)

ARMENIAN DUDUK METHOD

3rd revised and expanded edition

GEORGY MINASOV

BOOKS

Խորին երախտագիտություն եմ հայտնում բոլոր նրանց,
ովքեր օգնել են ինձ այս գրքի հրատարակման գործում:

Խմբագիր՝ ՀՀ վաստ. արտիստ, Պետական մրցանակի դափնեկիր, պրոֆ. Ռ. Ալթունյան

Ուսումնական ձեռնարկ երաժշտական դպրոցների և ուսումնարանների սովորողների և կոնսերվատորիայի ուսանողների համար: Ուսումնական ձեռնարկում զետեղված են բազմաթիվ վարժություններ, էտյուդներ և գամմաներ: Ներկայացված են հոգևոր, ժողովրդական, գուսանական երգերի ու պարեղանակների լավագույն օրինակները, ինչպես նաև՝ ռուս և արևմտաեվրոպական երգահանների ստեղծագործությունները: Ձեռնարկում առաջին անգամ ներկայացված են մուղամները՝ արևելյան մշակույթի իսկական գոհարները:

Выражаю глубокую благодарность всем,
кто помог мне в издании книги.

Редактор: Заслуженный артист РА, лауреат Гос. премии, профессор Р.Алтунян.

Учебное пособие для учащихся музыкальных школ и училищ, студентов консерватории. В учебном пособии нашли место многочисленные упражнения, этюды, гаммы; представлены лучшие образцы духовной, народной музыки, гусанских песен и танцевальных мелодий, а также произведения русских и западноевропейских композиторов. Впервые в данном пособии представлены жемчужины восточной культуры - мугамы.

I am deeply grateful to everybody
who helped me to publish this book.

Editor: The Honored Artist of RA, the laureate of State Prize, professor R.Altunian

The Armenian Duduk Method is textbook designed for students in musical schools and colleges, and conservatories. The textbook includes many exercises, as well as studies, etudes and scales to improve performance. The textbook includes the best samples of Armenian folk, spiritual, gussan songs and dance melodies as well as works of Russian and Western European authors. It is also the first time that the pearls of Eastern culture—mughams, are published in this given textbook.

ISBN-13: 978-1974502028
ISBN-10: 1974502023

Copyright © 2017 by Georgy Minasyan
Copyright © 2004 by Georgy Minasyan

All rights reserved. No part of this publication may be reproduced, distributed, or transmitted in any form or by any means, including photocopying, recording, or other electronic or mechanical methods, without the prior written permission of the publisher, except in the case of brief quotations embodied in critical reviews and certain other non-commercial uses permitted by copyright law. For permission requests, send your communications to books@minasovduduk.com.

Ordering Information:
Quantity sales. Special discounts are available on quantity purchases by corporations, associations, and others. For details, contact the publisher at books@minasovduduk.com or visit www.minasovduduk.com.

Official website
www.minasovduduk.com

Ես ուրախ կլինեմ, եթե իմ գիրքն օգնի սկսնակ կատարողներին մուտք գործել արվեստի հիասքանչ աշխարհ՝ դուդուկի կախարդական աշխարհ։

Я буду рад, если моя книга поможет начинающим исполнителям войти в прекрасный мир искусства, в волшебный мир дудука.

I will be glad if my book helps the beginners to enter the wonderful world of art, the magic world of duduk.

Նվիրում եմ թոռանս՝ Գեորգիին

Посвящаю моему внуку Георгию

To my grandson Georgy

ԱՌԱՋԱԲԱՆ
(2-րդ հրատարակության)

Գ.Մինասյանի «Դուդուկի ձեռնարկը», որն իր նշանակությամբ դուդուկի կատարողական «դպրոցի» դասագիրք է, լույս է տեսնում երկրորդ հրատարակությամբ՝ վերամշակված և հարստացված: «Ձեռնարկը» թույլ է տալիս ինչպես սկսնակ, այնպես էլ արդեն կատարողական որոշ հմտություններ ունեցող սովորողին խորապես ուսումնասիրել այդ հիանալի ժողովրդական նվագարանը, նրա առանձնահատկությունները, հարուստ կատարողական հնարավորությունները, օգնում հաղթահարել տեխնիկական դժվարությունները: Դասագրքի խորապես մտածված հայեցակարգը, որ սովորողին ուղեկցում է երաժշտության աշխարհը, տանում նրան պարզից դեպի բարդը, վարժություններից դեպի ժողովրդական և հեղինակային երաժշտության բարձրարվեստ նմուշների կատարումը, դասագիրքը դարձնում է անփոխարինելի և արժեքավոր ուղեցույց մասնագիտական վարպետությանը հասնելու ճանապարհին:

Դուդուկի երկացանկի հիմքը կազմող երաժշտական նյութը հարուստ է և ճաշակով ընտրված: Այստեղ օգտագործված են գեղջկական և քաղաքային փոլկլորի նմուշներ՝ ժողովրդական գործիքային մեղեդիներ, երգեր և պարեղանակներ, աշուղական երաժշտության, միջնադարյան հոգևոր և աշխարհիկ մոնոդիայի նմուշներ: Հանդիպում են նաև հայ և արևմտաեվրոպական մասնագիտացված երաժշտության ստեղծագործություններ, քանզի հեղինակը համոզված է, որ դա զգալիորեն ընդլայնում է երաժշտի մտահորիզոնը, բարձրացնում նրա կուլտուրական մակարդակը, օգնում է նրա մեջ մշակել ոճի ճիշտ զգացողություն և այդ հրաշալի նվագարանի հնչերանգային ողջ հարստությունն օգտագործելու ունակություն:

Դասագրքի երկրորդ հրատարակությանն առանձնահատուկ արժեք են տալիս, իմ կարծիքով, արևելյան մուղամների այստեղ զետեղված նմուշները հենց իր՝ Գ.Մինասյանի նոտագրմամբ:

Գ.Մինասյանը մուղամաթի արվեստի այսօր ճանաչված գիտակներից մեկն է Անդրկովկասում: Նա ծնվել է Բաքվում 1933 թվականին: Նրա առաջին ուսուցիչն է եղել հորեղբայրը՝ Աղալար Մինասովը, որն իր ժամանակի հայտնի դուդուկահարներից էր: Երաժշտի անհատականությունը ձևավորվել է նշանավոր վարպետ դուդուկահարներ Կարո Չարչօղլյանի և Լևոն Մադոյանի կատարողական արվեստի ազդեցության ներքո:

Արևելքում տարածված մուղամաթը կենցաղավարել է Հայաստանում դեռ միջնադարում զուտ իբրև նվագարանային երևույթ և դարերի ընթացքում զարգացել է հայ քաղաքային աշխարհիկ նվագարանային արվեստին զուգընթաց: Մուղամաթի մուտք գործումը և լայնորեն տարածումը Հայաստանում պայմանավորված է, առաջին հերթին, մուղամաթի և հայկական լադային համակարգերի հիմքում ընկած ազգակցությամբ և ընդհանրություններով, որ գալիս է, անկասկած, ռեգիոնալ մերձությունից: Իր զարգացման ընթացքում, առանձնանալով ընդհանուր արևելյան մշակույթից, մուղամաթը Հայաստանում ձեռք է բերել որոշակի ազգային գծեր, թելադրված հայեցի երաժշտամտածողությամբ: Դա անդրադարձել է, մասնավորապես, ժամանակի մեջ երաժշտական մտքի այլ աստիճան խտացման վրա, իսկ դա իր հերթին պայմանավորել է ձևակառուցման առանձնահատկությունները:

Ներթափանցելով երաժշտական մշակույթի բոլոր ոլորտները, մուղամաթը զգալի տեղ է զբաղեցրել հայերի թե՛ կատարողական արվեստում, թե՛ երաժշտատեսական մտքի ոլորտում և թե՛ մասնագիտացված ստեղծագործության մեջ: Բավական է հիշել Նիկողայոս Տիգրանյանի մուղամների մշակումները, Ալեքսանդր Սպենդիարյանի «Երևանյան էտյուդները» և այլն:

Զարգանալով քաղաքային մշակույթի պայմաններում իբրև բանավոր ավանդույթի մասնագիտացված արվեստ, մուղամաթը տվել է այնպիսի խոշոր հայ վարպետ կատարողներ, որոնց անունները ժամանակին մեծ տարածում են ունեցել աշխարհում: Դրանցից են 19-րդ դարի հայտնի երաժիշտներ՝ թամբուրահարներ Ալեքսանը և Հարութինը, քյամանչահար Աչազուրկ

Սեպուհը, թառահար Աղամալ Մելիք-Աղամալյանը: 20-րդ դարի խոշորագույն մուղամաթագետ կատարողներից էին Սաշա Օգանեզաշվիլին /Ալեքսանդր Օհանյանը/, Բալա Մելիքովը /Մելիքյանը/, Լևոն Կարախանը, Սողոմոն Սեյրանյանը, Լևոն Մադոյանը և ուրիշներ:

Ներկա հրատարակության մեջ մուղամների նմուշների ընդգրկումը նպատակ է հետապնդում ծանոթացնել սովորողներին այդ արվեստին, մշակել նրանց մեջ մուղամի ոճը նրբորեն ընկալելու և ճիշտ մեկնաբանելու ունակություն, սովորեցնել հաղթահարել ձևակառուցողական բարդությունները, զարգացնել տեխնիկական և կատարելագործել ձայնապրտաբերման կուլտուրան: Ընդ որում, նոտագրության միջոցով ուսուցումը չի բացառում հանկարծաբանության /իմպրովիզացիայի/ ընդունակության և կարողության զարգացումը: Ի վերջո, այս ամենը ծառայում է դարերի ընթացքում ձևավորված հայ կատարողական ավանդույթների պահպանմանը:

Այնպես է ստացվել, որ Հայաստանը, լինելով զարգացած նվագարանային մշակույթի երկիր, բոլոր ժամանակներում տվել է նաև նվագարան պատրաստող հիանալի վարպետներ, որոնք իրենց գյուտերով մեծ ավանդ ունեն դրանց կառուցվածքների կատարելագործման մեջ: 20րդ դարում հռչակվեց Վարդան Բունու անունը, որի հետաքրքրական աշխատանքները տարբեր ձայնածավալի նվագարանների ամբողջական ընտանիքներ ստեղծելու ուղղությամբ /օրինակ, թառերի քառյակ՝ պիկոլո, սովորական, բարիտոնային և կոնտրաբասային/ ժամանակին ոչ միայն լայն և հիացական արձագանք գտան երաժշտագիտական ոլորտներում, այլև գործնական կիրառություն ունեցան Խորհրդային Արևելքի երկրներում՝ Տաջիկստանում, Ղազախստանում, Դաղստանում և Ուզբեկստանում, ուր Բունու գործը շարունակեց Աշոտ Պետրոսյանը:

Վ.Բունին հայտնի է նաև իբրև բաս-դուդուկի ստեղծող, որն իր նվագարանը անվանել է «բունիֆոն»: Էական կատարելագործում է իրականացրել Սաշա Օգանեզաշվիլին՝ քյամանչային ավելացնելով չորրորդ լարը, որով զգալիորեն ընդլայնել է նվագարանի տեխնիկական հնարավորությունները:

Այդ անուններին իրավամբ կարելի է ավելացնել նաև Գեորգի Մինասյանի անունը, բացահայտելով նրա բազմակողմանի գործունեության ևս մի ոլորտը: Բացի այն, որ նա լավ կատարող է, փորձառու մանկավարժ, նա նաև նվագարանի անխոնջ հետազոտող է, գյուտարար: Նվագարաններ պատրաստող վարպետ Սերգեյ Ավանեսովի հետ սերտ համագործակցությամբ նրա կատարած դուդուկի վերակառուցումը՝ օժտումը մետաղյա փականների համակարգով թույլ տվեց զգալի չափով մեծացնել նվագարանի ձայնածավալը, դրանով իսկ ընդլայնելով կատարողական հնարավորությունները: Դեռ ավելին, նույն սկզբունքով նրանք ստեղծել են դուդուկների քառյակ, ընդհուպ մինչև բաս-դուդուկը, որ թույլ է տալիս հարստացնել երգացանկը և կատարել ոչ միայն հայ միջնադարյան, աշուղական և ժողովրդական երաժշտության նմուշների բազմաձայն փոխադրումներ, այլ նաև համաշխարհային մասնագիտացված երաժշտության լավագույն գործեր: Նման փոխադրումներ կարելի է գտնել առաջարկվող դասագրքի անսամբլային բաժնում:

«Դուդուկի ձեռնարկը» Գ.Մինասյանի կատարողական և մանկավարժական բազմամյա գործունեության արգասիքն է, մի մարդու, որի ստեղծագործական «աշխատանոցում» ոչ մի րոպե չի դադարում որոնող, պրպտող մտքի բաբախումը:

ԱԼԻՆԱ ՓԱՀԼԵՎԱՆՅԱՆ
Արվեստագիտության թեկնածու,
Երևանի Կոմիտասի անվ.
պետական կոնսերվատորիայի պրոֆեսոր

ПРЕДИСЛОВИЕ
(ко 2-му изданию)

Второе издание «Школы игры на дудуке» Г.Минасяна, переработанное и обогащенное, позволяет исполнителю – как начинающему, так и уже имеющему некоторые исполнительские навыки, - глубоко изучить этот замечательный народный инструмент, его особенности, богатые исполнительские возможности, помогает преодолевать технические трудности. Глубоко продуманная концепция учебника, вводящего ученика в мир музыки, ведущего его от простого к сложному, от упражнений к исполнению высокохудожественных образцов народной и авторской музыки, делает его незаменимым и ценным путеводителем на пути к достижению профессионального мастерства.

Богат и со вкусом подобран музыкальный материал, составляющий основу репертуара для дудука. Здесь использованы образцы крестьянского и городского фольклора: народные инструментальные мелодии, песни и танцы, образцы ашугской музыки, средневековой светской и духовной монодии. Встречаются также произведения как армянской, так и западно-европейской профессиональной музыки, ибо автор убежден, что это расширяет кругозор, повышает культурный уровень музыканта, помогает развивать в нем чувство стиля и умение использовать всю богатую звуковую палитру этого удивительного инструмента.

Особую ценность учебнику придает, на наш взгляд, включение во второе издание образцов восточных мугамов в нотной записи самого Г.Минасяна – одного из признанных сегодня знатоков искусства мугамата в Закавказье. Он родился в Баку в 1933 году. Первым его учителем был родной дядя, брат отца, Агалар Минасов – известный в свое время дудукист. Формирование личности музыканта происходило под воздействием исполнительского искусства крупных мастеров дудука Каро Чарчогляна и Левона Мадояна.

Распространенный на Востоке мугамат бытовал в Армении еще со средневековья исключительно как чисто инструментальное явление и в течение веков развивался параллельно с армянским городским светским инструментальным искусством. Проникновение мугамата в Армению и его широкое распространение обусловлены, прежде всего, наличием определенного родства и общих черт, лежащих в основе армянских ладовых систем и ладов мугамата, что, безусловно, связано с региональной близостью. В процессе своего развития, отделившись от общей восточной культуры, мугамат в Армении приобрел определенные национальные черты, обусловленные армянским национальным музыкальным мышлением. Это отразилось, в частности, в иной степени концентрации музыкальной мысли во времени, а это обусловило в свою очередь особенности формообразования. Проникнув во все области музыкальной культуры, мугамат занял значительное место и в исполнительском искусстве, и в области теоретической мысли, и в профессиональном композиторском творчестве. Достаточно вспомнить обработки мугамов Н.Тиграняна, «Ереванские этюды» А.Спендиаряна и т.д.

Развиваясь в условиях городской культуры как профессиональное искусство устной традиции, мугамат выдвинул таких выдающихся армянских исполнителей-виртуозов, имена которых в свое время были широко известны в мире. К их числу принадлежат известные музыканты XIX века, тамбуристы Алексан и Арутин, кяманчист Ачазурк Сепух, тарист Агамал Мелик-Агамалян. Крупнейшими мугаматистами XX века были Саша Оганезашвили (Александр Оганян), Бала Меликов (Меликян), Левон Карахан, Согомон Сейранян, Левон Мадоян и другие.

Включение в настоящее издание образцов мугамов преследует цель знакомить учащихся с этим искусством, воспитывать в них умение тонко ощущать стиль мугама и правильно интерпретировать его, преодолевать сложности формообразования, развивать технические навыки и совершенствовать исполнительскую культуру. При этом нотное обучение не исключает развитие в ученике способности и умения импровизировать. Все это в конечном итоге служит сохранению устоявшихся армянских исполнительских традиций.

Так уж повелось, что Армения, страна развитой инструментальной культуры, во все времена выдвигала и замечательных мастеров-изготовителей инструментов, которые своими изобретениями вносили значительный вклад в усовершенствование их конструкций. В XX веке прославилось имя Вардана Буни, интересная работа которого по созданию целых семейств инструментов с различными диапазонами (например, квартет таров - пикколо, обычный, баритоновый и контрабасовый) нашла в свое время не только широкий и восторженный отклик со стороны научной музыкально-теоретической мысли, но и практическое применение в странах Советского Востока – в Таджикистане, Казахстане, Дагестане и Узбекистане, где его дело продолжил Ашот Петросян. В.Буни известен и как создатель бас-дудука, который он назвал «бунифоном».

Существенное усовершенствование внес Саша Оганезашвили, прибавив к кяманче четвертую струну, чем значительно расширил технические возможности инструмента.

К этим именам можно по праву прибавить и имя Георгия Минасяна, раскрывая еще одну грань его многосторонней деятельности: кроме того, что он - отличный исполнитель, опытный педагог, он еще и является неутомимым исследователем инструмента, изобретателем. Произведенная им, совместно с мастером-изготовителем Сергеем Аванесовым, реконструкция дудука, снабжение его системой металлических клапанов, позволила существенно увеличить диапазон инструмента, расширив тем самым его исполнительские возможности. Более того, по тому же принципу ими создан весь квартет дудуков, включая басовый дудук, что позволяет расширить репертуар и исполнять не только переложения образцов армянской средневековой, ашугской и народной музыки в многоголосном изложении, но и лучшие произведения мировой профессиональной музыки. Подобные переложения можно найти в ансамблевом разделе предлагаемого учебника.

«Школа игры на дудуке» является плодом многолетней исполнительской и педагогической деятельности автора, в творческой «лаборатории» которого ни на минуту не прекращается биение пытливой, ищущей мысли.

АЛИНА ПАХЛЕВАНЯН
Кандидат искусствоведения, профессор
Ереванской государственной
консерватории имени Комитаса

PREFACE

(to the 2nd edition)

The second edition of the "Armenian Duduk Method" by G. Minasyan is revised and enriched for the benefit of beginners, as well as skilled performers who wish to deepen their understanding of this wonderful folk instrument, and to explore its features and rich performing possibilities, and to master their performance technique. The well-thought concepts of the book ushers the student into the world of music and leads him from the simple to the complex, and from exercises to actual performances of highly artistic music pieces in various genres. Taken all together, this will result in an indispensable and valuable guide toward the aim of achieving professional mastery.

The duduk repertoire included in this book is rich in substance and tastefully selected to make a strong foundation for the student. Included in the book you will find arrangements from country and urban folklore, along with instrumental folk melodies, and songs and dances, as well as samples of gusan music, medieval secular and spiritual monody. The author introduces pieces of Western European professional music along with the Armenian, believing that it will enlarge the musician's horizons and raise his cultural level, which in turn will help to develop a sense of style with the skill of using the rich palettes of sound of this wonderful instrument.

The particular value this second edition of the book, I feel, is the inclusion of the eastern mughams transcribed by G. Minasyan himself.

Georgi Minasyan is one of the acknowledged experts of the art of mughamat in the Transcaucasus of today. He was born in Baku in 1933. His first teacher was his uncle, his father's brother, Agalar Minasov, a well-known duduk player of that time. The formation of his individuality as a musician was developed under the influence of the performing art of such great masters of duduk as Karo Charchoglyan and Levon Madoyan.

Eastern mughamat existed in Armenia since Middle Ages solely as an instrumental phenomenon, and over the centuries it developed simultaneously with the secular instrumental art of the Armenian city. The penetration of the mughamat to Armenia and its further dissemination was conditioned first of all by the existence of similarities between Eastern and Armenian musical harmonies, which comes undoubtedly from its regional affinities. During the process of its development, because separated from its Eastern roots, mughamat took on some unique national features that were dictated by Armenian musical thinking. It was reflected, in particular, in other degrees of concentration of the musical ideas of that time and this fact, in its turn, conditioned the peculiarities of its formation.

By penetrating into all the spheres of the musical culture mughamat imposed its influence both as a performing art, as well as in the field of theory that includes the art of professional composition. It serves well to remember the adaptations of mughams of N. Tigranian, "Yerevanian etudes" by A. Spendiarian, etc.

As it developed within the conditions of a city's cultural life as a professional art within the oral tradition, mughamat advanced many remarkable Armenian performer-virtuosos, whose names were well-known around the world. Among them are such famous musicians of the XIX-th century as the tambur players, Alexan and Harutin, the kamancha player Achazurk Sepuh, and the tar player Agamal Melik-Agamalian. The greatest mughamat players of the XIX-th century were Sasha Oganezashvili (Alexander Oganian), Bala Melikov (Melikian), Levon Karakhan, Soghomon Seyranian, Levon Madoyan and others.

The purpose of the inclusion of the patterns of mughams into the given edition is to introduce the students to this art, is to enable them to feel deeply the style of mugham, and to interpret it correctly, in order to overcome the difficulties of its formation, and further to develop the technical skills needed to perfect its performing culture. At the same time, making it known that teaching to play by the notes doesn't exclude the development of the student's abilities and skills in improvisation. All this in the end serves the purpose retaining stable Armenian performing traditions developed over the centuries.

Interestingly, Armenia being a country of a developed instrumental culture, whose advanced instrument making masters who innovated and made a valuable contributions to the improvement of duduk's construction. In the twentieth century the name of Vardan Buni became famous for his interesting work in creating entire families of instruments with different ranges (for example, a quartet of tars - piccolo, traditional, baritone and contrabass). His work received not only a well disseminated and enthusiastic response from the scientific musical circles, but also obtained practical applications within the countries of the Eastern Soviet East, e.g. Tajikistan, Kazakhstan, Dagestan and Uzbekistan, where his work was continued by Ashot Petrosian. Buni is also famous for being a creator of bas-duduk which is called "buniphone".

There were remarkable improvements by Sasha Oganezashvili who added the fourth string to kamancha, which enlarged the performing possibilities of the instrument.

We can rightfully add Georgy Minasyan to these names,who opened one more side to his versatile activities. Besides being a masterful performer, he is also an experienced teacher, being an inventor and a tireless investigator of the instrument. Together with master Sergey Avanesov, he reconstructed the instrument, improving it with a system of metal levers that essentially increased the instrument's range and significantly enlarged its performing possibilities and repertoire. Moreover, applying the same principle, they created instruments for the whole quartet of duduks (even up to bass duduk) that further expanded its repertoire, to perform not only the adaptations of Armenian medieval, gussan and folk music in polyphonic sounding, but also the best works of the world music. These adaptations can be found in the Ensemble section of the book.

"Armenian Duduk Method" is a result of the many years in the performing and teaching experiences of Georgy Minasyan, in whose "artistic laboratory" because of his inquisitive mind he never stops, not even for one minute.

ALINA PAHLEVANYAN
Doctor of Arts, Professor of Yerevan
Komitas State Conservatory

ՀԱՄԱՌՈՏ ՏԵՂԵԿՈՒԹՅՈՒՆ ԴՈՒԴՈՒԿԻ ՄԱՍԻՆ

Դուդուկը Հարավային Կովկասի, Դաղստանի և որոշ միջինասիական ժողովուրդների մեջ տարածված փայտյա փողային նվագարան է:

Դուդուկը կազմված է հետևյալ մասերից՝ փայտյա փող, եղեգնապիպիչ, կարգավորիչ և պտկալ: Ավանդական դուդուկները փողի երկարությամբ ունեցել են տասը անցք, որոնցից ութը՝ դիմային,երկուսը՝ հակառակկողմում: Դուդուկի փողը (350-450մմ երկարությամբ), պատրաստվում է հիմնականում ծիրանենու փայտից: Գնդաձև փողի գլխամասում հագցվում է եղեգնապիպիչը: Վերջինիս միջին մասում հագցվում է կարգավորիչը, որի տեղաշարժման միջոցով փոփոխվում է նվագարանի լարվածքը: Դուդուկի հնչերանգը փափուկ երգային է: Հաճախ օգտագործվում է որպես նվագակցող գործիք և ձգված հնչ յուների օգնությամբ ձայնակցում հիմնական մեղեդուն (դամ): Ժամանակակից կատարելագործված դուդուկն ունի տասնչորս անցք, որոնցից ութը՝ դիմային, վեցը՝ հակառակ կողմում:

Ավանդական դուդուկի ձայնածավալն ընդլայնվել է սույն ձեռնարկի հեղինակի և երաժշտության վարպետ Ս.Ավանեսովի կողմից՝ կափույրների (կլապան) ավելացման ու փողի երկարացման (450-460 մմ) միջոցով: Որպես արդյունք՝ ավելացվել են հետևյալ նոտաները՝ փոքր օկտավայի մի, ֆա, ֆա դիեզ, սոլ, սոլ դիեզ և II օկտավայի ռե, ռե դիեզ և մի:

Կափույրների ավելացումը հնարավորություն է ընձեռում բոլոր գամմաները կատարելու: Գ.Մինասովը և Ս. Ավանեսովը ոչ միայն բարելավել են ավանդական դուդուկը, այլև համատեղ ստեղծել մի քանի նոր նվագարան՝ բաս, տենոր և բարիտոն դուդուկներ: Այդ նվագարանների օգտագործումը հնարավոր է դարձնում 3 օկտավայի սահմաններում կատարել ստեղ-ծագործություններ: Նվագարանները կարող են կիրառվել կվարտետներում, ինչպես նաև ժողովրդական անսամբլներում ու նվագախմբերում:

Դուդուկների ընտանիքը ներառում է տարբեր լարվածքի նվագարաններ: Դուդուկների լարվածքն է՝ in C, in B, in A, in G, in Es, in D, in F.

ՄԵԹՈԴԱԿԱՆ ՑՈՒՑՈՒՄՆԵՐ

Սկսնակ աշակերտի հետ անցկացվող պարապմունքը խիստ պատասխանատու շրջան է, քանի որ կատարողական ապարատի սկզբնական դրվածքից է կախված աշակերտի հետագա աճը՝ որպես երաժիշտ-կատարողի:

Խորհուրդ է տրվում դուդուկով պարապել սկսել 12-14 տարեկանից: Աշակերտներին ընտրելիս անհրաժեշտ է ուշադրություն դարձնել նրանց ֆիզիկական տվ յալներին, լսողությանը, ռիթմի ընկալմանը և երաժշտական հիշողությանը: Աշակերտի ուսումնառության առաջընթացը մեծ մասամբ կախված է նաև նվագարանի տեխնիկական վիճակից, ուստի ուսուցիչն սկզբնական շրջանում պարտավոր է հետևել և կարգավորել նվագարանը: Աշակերտի ուսուցումը պետք է ընթանա աստիճանական, համապարփակ սկզբունքով՝ կատարողական տեխնիկայի տիրապետման, երաժշտական մտածողության և գեղարվեստական ճաշակի դաստիարակության համաչափ զարգացման ուղղությամբ: Ուսուցչի օգնությամբ վարժությունների, էտյուդների կամ պիեսների վրա աշխատելիս աշակերտն աստիճանաբար պետք է յուրացնի արտահայտչական և կատարողական տեխնիկայի բոլոր տարրերը: Նվագարանի վրա նվագելու սկզբնական դրվածքի ճիշտ ընկալումից է կախված աշակերտի հետագա առաջընթացը: Ուսուցիչը պարտավոր է ուսումնասիրել ձեռնարկում առաջադրված բոլոր մեթոդները՝ շնչառության, իրանի, գլխի, ձեռքերի, մատների ճիշտ դրվածքի հետ կապված և հետևել, որ աշակերտը յուրացնի այդ ցուցումները: Այս հանգամանքը պարտավորեցնում է ուսուցչին՝ ուսման հենց սկզբնական շրջանից օգնել աշակերտին ճիշտ կազմակերպելու իր դասարանային և տնային պարապմունքները:

ԿԵՑՎԱԾՔԸ ԴՈՒԴՈՒԿ ՆՎԱԳԵԼԻՍ

Դուդուկով պարապելիս աշակերտը պետք է պահպանի իրանի անկաշկանդ, բնական կեցվածքը: Պարապել կարելի է կանգնած կամ նստած: Նվագելիս իրանը պետք է պահել ուղիղ, ազատ վիճակում: Դուդուկն իրանի նկատմամբ պետք է 40° - 45° անկյուն կազմի: Ազատ շնչառություն ապահովելու համար արմունկները պետք է թեթևակի բարձր պահել, գլուխը` ուղիղ, մեջքը չկորացնել: Կանգնած վիճակում նվագելիս աջ ոտքը դրվում է թեթևակի առաջ, իսկ նստած վիճակում չի կարելի ոտքը ոտքին դնել շնչառության հնարավոր խախտման պատճառով:

Ճիշտ կեցվածք
Правильная постановка
Right position

Սխալ կեցվածք
Неправильная постановка
Wrong position

Ճիշտ կեցվածք
Правильная постановка
Right position

I Ապլիկատուրա
I Аппликатура
I Fingering

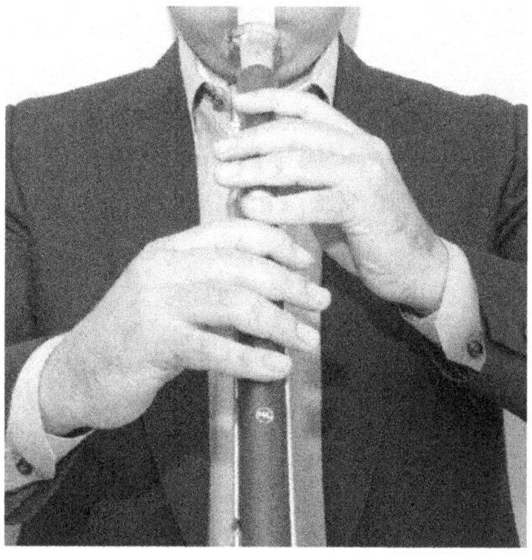

II Ապլիկատուրա
II Аппликатура
II Fingering

ՇՆՉԱՌՈՒԹՅՈՒՆ

Ուսումնառության հենց առաջին օրվանից անհրաժեշտ է աշակերտի մեջ զարգացնել կատարողական շնչառության ունակություն:

Շունչը պետք է կատարել արագ և խորը, իսկ արտաշնչելը՝ դանդաղ, հավասարաչափ: Գոյություն ունի երեք տիպի շնչառություն.

ա) Կրծքային կամ կողոսկրային,

բ) Որովայնային կամ ստոծանային,

գ) Խառը կամ կրծքաորովայնային:

Աշակերտի մոտ անհրաժեշտ է մշակել խառը շնչառություն: Ի տարբերություն մյուսների, շնչառության այս ձևը թույլ է տալիս վերցնել օդի մեծ պաշար և հետևաբար հնարավորություն է տալիս հասնելու ազատ նվագի և լավագույն հնչողության: Խորը շնչման ժամանակ լայնանում է կրծքավանդակը, իսկ ստոծանին իջնում է ցած: Հանգիստ արտաշնչման ժամանակ կրծքավանդակի կողերը և ստոծանին սահուն վերադառնում են սկզբնական վիճակին: Շնչման խորությունը պետք է համապատասխանի տվյալ երաժշտական հատվածի երկարությանը: Խորհուրդ չի տրվում հաճախակի շունչ վերցնել, քանի որ դա վերջնականապես հանգեցնում է շնչառական մկանների գերհոգնածության և վատ է անդրադառնում առողջության վրա:

ԻՆՉՊԵՍ ԱՆՑԿԱՑՆԵԼ ԱՌԱՋԻՆ ԴԱՍԵՐԸ

Մինչ սկզբնական վարժություններին անցնելը անհրաժեշտ է նախապատրաստել նվագարանը, այսինքն մի քանի կաթիլ ջուր կաթեցնել եղեգնի մեջ, որոշ ժամանակ հետո այն դատարկել, փակել պտկալով և 15-20 րոպե հետո սկսել նվագը: Նախապես աշակերտին պետք է ցույց տալ եղեգնապիպիչի տեղը շուրթերի վրա, ինչպես նաև ձայնի արտաբերման շնչման և արտաշնչման ձևերը: Անհրաժեշտ է շուրթերով բռնել եղեգնապիպիչը, թեթևակի ուռեցնել այտերն այնպես, որ շուրթերի ներքին պատերը բաժանվեն լնդերից և ատամներից, ստեղծելով օդային տարածություն: Հաղթահարելով ձայնի ճիշտ արտաբերման դժվարությունները, կարելի է արդեն անցնել սկզբնական վարժություններին: Հարկ է նշել, որ դուդուկն ունի երկու ապլիկատուրա: Առաջին ապլիկատուրան թեթևացված է, այստեղ չի օգտագործվում ձախ ձեռքի ճկույթ մատը: Այն գործածվում է նախնական ուսուցման ընթացքում:

Երկրորդ ապլիկատուրան բարդացված է և գործածվում է սկսած 2-րդ դասարանից, բազմանշան գամմաների և պիեսների առկայության պատճառով, որտեղ զբաղված են ձեռքերի բոլոր մատները:

Աշակերտի գեղագիտական ճաշակը զարգացնելու և պարապմունքների հանդեպ հետաքրքրություն առաջացնելու նպատակով ցանկալի է հաճախակի թարմացնել նրա երկացանկը նոր երաժշտական նյութերով: Ուսումնական առաջին տարվա ընթացքում աշակերտը պետք է յուրացնի դուդուկ նվագելու հնարքները և ձեռք բերի կատարողական նախնական ունակություններ:

ՀՆՉՅՈՒՆՆԵՐԻ ՆՈՏԱԳՐՈՒԹՅՈՒՆԸ

Հնչյունի բարձրությունը գրառելու համար գործածում են հինգ հորիզոնական գծեր, որոնք միասին վերցված կոչվում են հնգագիծ: Հինգ գծերից ներքևինը համարվում է առաջին, վերևինը՝ հինգերորդ: Նոտաները գրվում են գծերի վրա և սրանց միջև, ինչպես նաև առաջին գծի տակ և հինգերորդ գծից վեր:

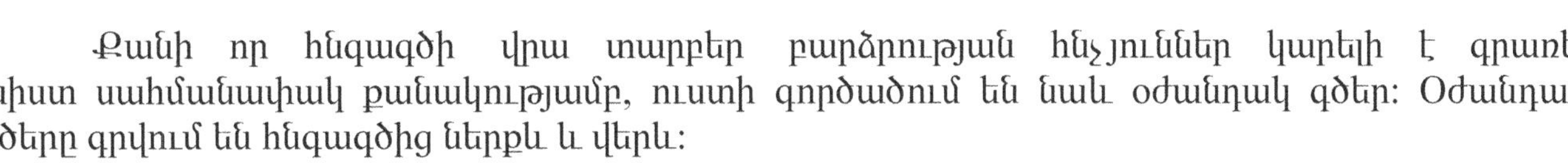

Քանի որ հնգագծի վրա տարբեր բարձրության հնչյուններ կարելի է գրառել խիստ սահմանափակ քանակությամբ, ուստի գործածում են նաև օժանդակ գծեր: Օժանդակ գծերը գրվում են հնգագծից ներքև և վերև:

Հնչյունի բացարձակ բարձրությունը գրառելու համար գործածում են հատուկ նշան, որը կոչվում է բանալի: Դուդուկի համար հնգագծի սկզբում դրվում է սոլի կամ ջութակի բանալի 𝄞:

Երաժշտական համակարգում ամեն մի առանձին հնչյուն հանդիպում է մի քանի անգամ տարբեր ձայնասահմաններում (ռեգիստր): Այն հատվածը, որտեղ ներգրավված են հնչյունաշարի

հիմնական 7 աստիճանները, կոչվում է օկտավա: Հիմնական հնչյունաշարին ավելացնելով հաջորդ օկտավայի առաջին հնչյունը, կազմվում է դիատոնիկ գամմա: Դուդուկի հնչյունային ծավալը ընդգրկված է վերը նշված օկտավաների սահմաններում:

ՏԵՎՈՂՈՒԹՅՈՒՆ

Հնչյունների հարաբերական տևողությունը նշանակելու համար իբրև հիմք ընդունված է մեկ ամբողջ տևողության նոտան (𝅝): Ամբողջ նոտայի տևողության բաժանումը մասերի կատարվում է երկուսի բաժանելու սկզբունքով, այսինքն, մեկ ամբողջ նոտայի տևողությունը բաժանվում է երկու կեսի, կես նոտայի տևողությունը՝ երկու քառորդի, քառորդ նոտայի տևողությունը՝ երկու ութերորդականի և այլն: Տևողությունների այդպիսի բաժանումը երևում է հետևյալ գծագրից.

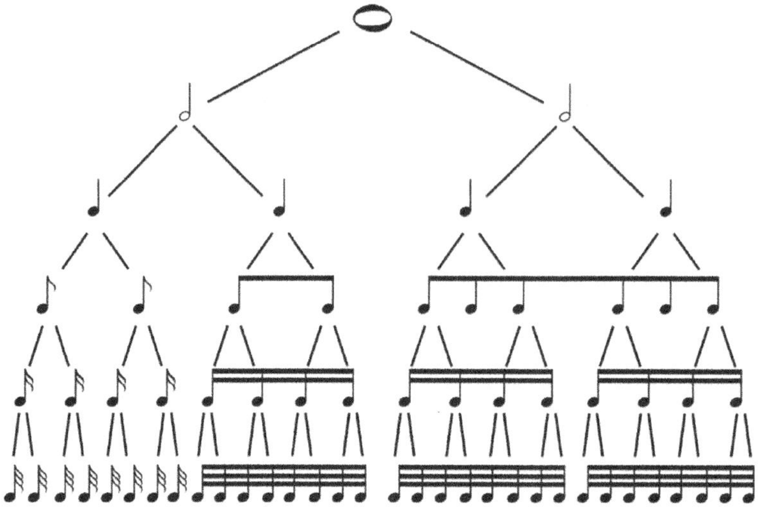

Պաուզաներ: Երաժշտության հնչողության ժամանակավոր ընդհատումը կոչվում է պաուզա (երաժշտական դադար): Պաուզաներն ունեն նույն տևողությունը, ինչ որ նոտաները և նշում են այսպես.

Տակտ, տակտի չափերը: Նոտաները կարդալու համար երաժշտական գրառումը բաժանվում է հավասար հատվածների՝ տակտերի: Նրանք բաժանվում են իրարից տակտի գծերով: Երաժշտական ստեղծագործության սկզբում՝ բանալիից հետո նշվում է չափը: Չափը (2/4, 3/4,

4/4) գրվում է կոտորակի ձևով, որտեղ համարիչը ցույց է տալիս, թե տակտը քանի մասի է բաժանված, իսկ հայտարարը՝ ամեն մի մասի տևողությունը:

ԱԼՏԵՐԱՑԻԱՅԻ ՆՇԱՆՆԵՐ

Հնչյունները կես տոնով բարձրացնելու կամ իջեցնելու համար գոյություն ունեն ալտերացիայի նշաններ: Տակտի մեջ հանդիպող ալտերացիայի նշանները կոչվում են պատահական: Նրանք պահպանում են իրենց նշանակությունը միայն տվյալ տակտի մեջ: Երաժշտական ստեղծագործության սկզբում դրված դիեզը կամ բեմոլը կոչվում է բանալիի նշան և գործում է ամբողջ ստեղծագործության ընթացքում:

ա) Դիեզը (♯) ցույց է տալիս տվյալ աստիճանի կամ հնչյունի բարձրացումը կես տոնով:

բ) Բեմոլը (♭) ցույց է տալիս տվյալ աստիճանի կամ հնչյունի իջեցումը կես տոնով:

գ) Բեկարը (♮) չեզոքացնում է դիեզի կամ բեմոլի նշանակությունը:

դ) Երբեմն հնչյունները բարձրանում կամ իջնում են մեկ ամբողջ տոնով (կրկնակի կիսատոներով): Հնչյունի այդպիսի կրկնակի բարձրացումը նշանակվում է դուբլ դիեզ նշանով (𝄪): Կրկնակի իջեցումը նշանակում է դուբլ բեմոլ նշանով (𝄫):

ա) բ) գ) դ)

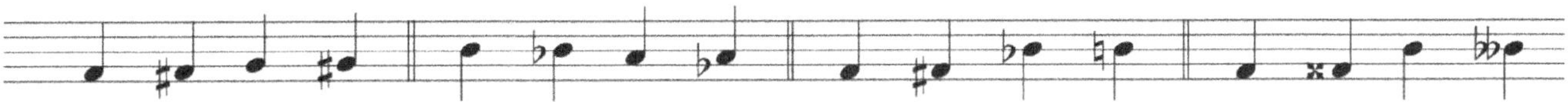

ԴՈՒԴՈՒԿԻ ԱՊԼԻԿԱՏՈՒՐԱՅԻ ԱՂՅՈՒՍԱԿ
ТАБЛИЦА АППЛИКАТУРЫ ДУДУКА   DUDUK FINGERING TABLE

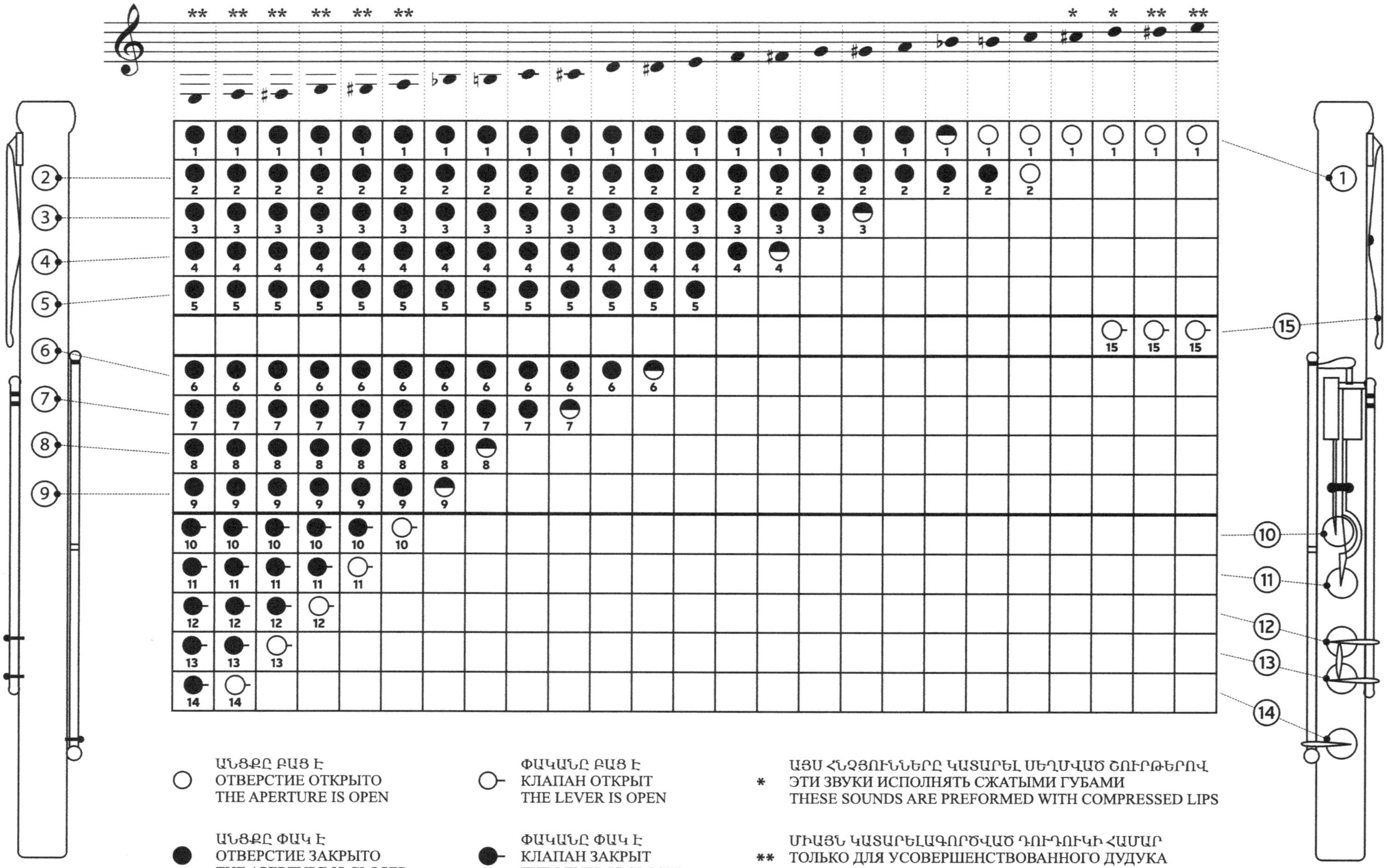

○ ԱՆՑՔԸ ԲԱՑ Է
ОТВЕРСТИЕ ОТКРЫТО
THE APERTURE IS OPEN

● ԱՆՑՔԸ ՓԱԿ Է
ОТВЕРСТИЕ ЗАКРЫТО
THE APERTURE IS CLOSED

◒ ԱՆՑՔԸ ԿԻՍԱԲԱՑ Է
ОТВЕРСТИЕ ПОЛУОТКРЫТО
THE APERTURE IS HALF OPEN

○– ՓԱԿԱՆԸ ԲԱՑ Է
КЛАПАН ОТКРЫТ
THE LEVER IS OPEN

●– ՓԱԿԱՆԸ ՓԱԿ Է
КЛАПАН ЗАКРЫТ
THE LEVER IS CLOSED

● 1 ՇՐՋԱՆԱԿՆԵՐԻ ՏԱԿ ԳՐՎԱԾ ԹՎԵՐԸ ՑՈՒՅՑ ԵՆ ՏԱԼԻՍ ԱՊԼԻԿԱՏՈՒՐԱՆ
ЦИФРЫ, ВЫСТАВЛЕННЫЕ ПОД КРУЖОЧКАМИ, ОБОЗНАЧАЮТ АППЛИКАТУРУ
THE FIGURES UNDER THE CIRCLES INDICATE FINGERING

* ԱՅՍ ՀՆՉՅՈՒՆՆԵՐԸ ԿԱՏԱՐԵԼ ՍԵՂՄՎԱԾ ՇՈՒՐԹԵՐՈՎ
ЭТИ ЗВУКИ ИСПОЛНЯТЬ СЖАТЫМИ ГУБАМИ
THESE SOUNDS ARE PREFORMED WITH COMPRESSED LIPS

** ՄԻԱՅՆ ԿԱՏԱՐԵԼԱԳՈՐԾՎԱԾ ԴՈՒԴՈՒԿԻ ՀԱՄԱՐ
ТОЛЬКО ДЛЯ УСОВЕРШЕНСТВОВАННОГО ДУДУКА
ONLY FOR IMPROVED DUDUK

ԴՈՒԴՈՒԿԻ ՏԵՍԱԿՆԵՐԸ
СЕМЕЙСТВО ДУДУКОВ
DUDUK FAMILY

Բաս դուդուկ
Бас дудук
Bass duduk

Բարիտոն դուդուկ
Баритон дудук
Bariton duduk

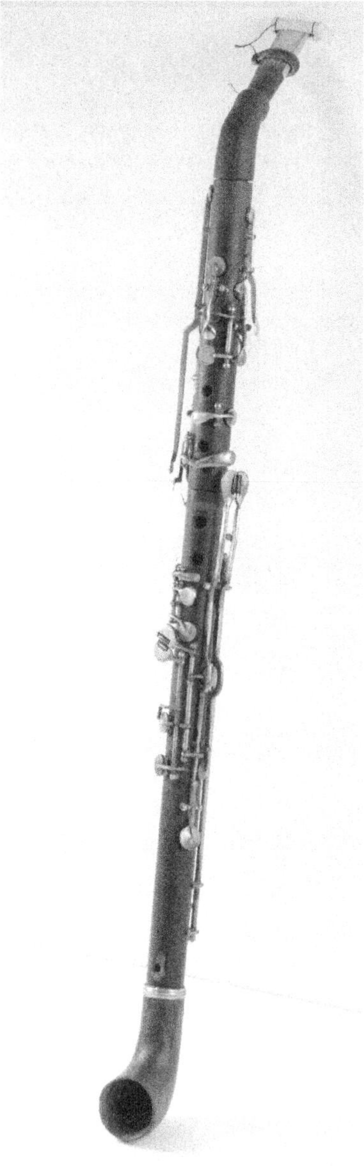

Տենոր դուդուկ
Тенор дудук
Tenor duduk

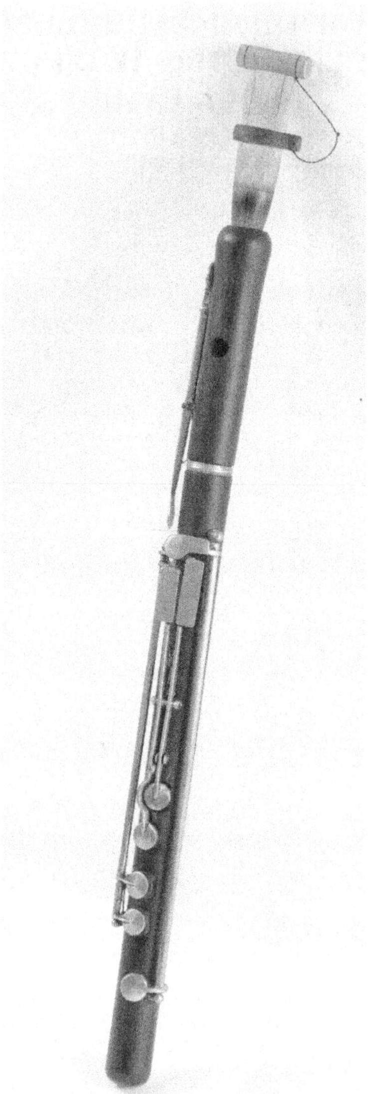

Ալտ դուդուկ
Альт дудук
Alt duduk

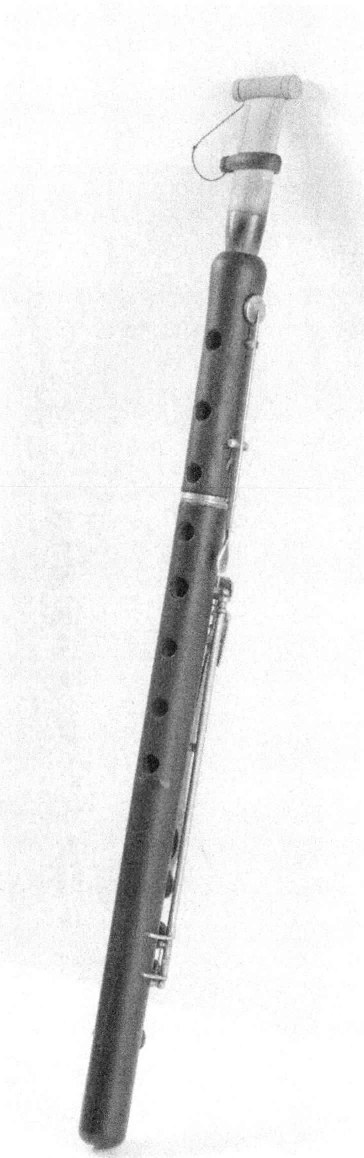

Դուդուկ
Дудук
Duduk

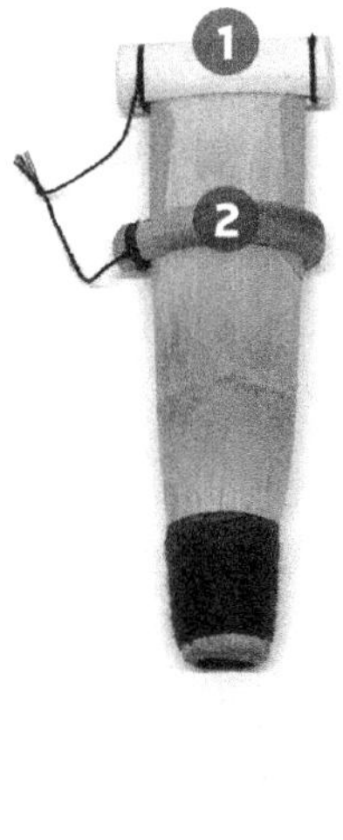

Ղամիշ – եղեգնապիպիչ
1. Պտկալ 2. Փարդա-կարգավորիչ

Трость-мундштук
1. Колпачок 2. Регулятор

Reed
1. Cap 2. Regulator

КРАТКИЕ СВЕДЕНИЯ О ДУДУКЕ

Дудук - распространенный у народов Закавказья духовой инструмент. Составные части дудука следующие: ствол, мундштук, регулятор и колпачок.

У традиционных дудуков по длине ствола имеются десять пальцевых отверстий, восемь из которых расположены на лицевой, и два - на тыльной стороне.

Ствол (длинной 350-450 мм) изготавливается в основном из абрикосового дерева. В головку ствола шаровидной формы вставляется тростниковый мундштук (камыш), верхний конец которого сплющивается, образуя двойную трость плоской формы. На его середину надевается хомут (парда), т, е. регулятор, передвижением которого изменяется строй инструмента. Тембр дудука мягкий, певучий. Чаще всего он используется в дуэте как аккомпанирующий выдержанными звуками (дам).

У усовершенствованного дудука по длине ствола расположены 14 пальцевых отверстий, 8 из которых на лицевой, а 6 - на тыльной стороне.

Диапазон традиционного дудука был расширен автором данного пособия и музыкальным мастером С.Аванесовым путем добавления клапанов и удлинения ствола (450-460 мм). В результате были добавлены следующие ноты: ми, фа, фа диез, соль, соль диез малой октавы и ре, ре диез и ми второй октавы. Добавление клапанов дает возможность исполнять все гаммы,

Г.Минасов и С.Аванесов не только улучшили традиционный дудук, но и совместно создали несколько новых инструментов: бас, тенор и баритон - дудуки. Использование этих инструментов делает возможным исполнение произведений в пределах трех октав. Эти инструменты могут быть использованы в квартетах, а так кже в народных ансамблях и оркестрах. Семейство дудуков состоит из разностройных инструментов. Строй дудуков бывает в С, в В, в А, в D, в Es, в D, в F.

МЕТОДИЧЕСКИЕ УКАЗАНИЯ

Занятия с начинающим учеником - очень ответственный период. Поэтому от начальной постановки игрового аппарата ученика зависит его будущее как музыканта-исполнителя.

Начинать заниматься на дудуке рекомендуется с 12-14-летнего возраста (указанный возраст, учитывая общее физическое развитие ученика, может отклонятся в ту или иную сторону).

При отборе учеников необходимо обратить внимание на их физическое состояние. Ученик должен иметь хороший слух, чувство ритма и музыкальную память. Успехи учеников в большей степени зависят от технического состояния инструмента, на котором они играют. Педагог, работающий с начинающими учениками, обязан следить за тем, чтобы инструменты учеников находились в полном техническом порядке. Развитие ученика должно идти комплексно, т. е. по линии одновременного овладения техникой исполнения по всем разделам, развития музыкального мышления и воспитания художественного вкуса. Вследствие этого педагог обязан при работе над тем или иным упражнением, этюдом или пьесой следить за всеми элементами техники исполнения и выразительности ученика. От того, насколько правильно будет усвоена учеником постановка игры на инструменте на начальной стадии обучения, зависит его развитие в дальнейшем. Педагог обязан тщательно разобраться во всех указаниях, даваемых в настоящем пособии по вопросам постановки дыхания, амбушюры, корпуса, головы, рук, пальцев и настойчиво добиваться усвоения их учеником. Одним из важнейших элементов успешной работы учеников является их умение работать самостоятельно. Это обстоятельство обязывает педагога с самого начала обучения помочь ученику правильно организовать как классные, так и домашние занятия.

ПОЛОЖЕНИЕ ПРИ ИГРЕ НА ДУДКЕ

Во время занятий на дудуке, ученику необходимо сохранять естественное положение корпуса и непринужденность. Заниматься можно стоя или сидя. При игре корпус должен быть прямым и свободным. Дудук во время игры должен находиться под углом по отношению к корпусу в пределе 40-45° (см. стр. 12).

Локти должны быть слегка приподняты, чтобы дыхание было свободным. Голову следует держать прямо, спина не должна сгибаться. При игре стоя правая нога выдвигается слегка вперед. При игре сидя нельзя класть ногу на ногу. Это мешает работе брюшного пресса и диафрагмы, а вместе с тем вредно отражается на дыхании.

ДЫХАНИЕ

Необходимо с самого начала привить ученику навыки исполнительского дыхания. Вдох должен быть быстрым и глубоким, а выход - медленным и равномерным. Существует три типа дыхания:

а) грудное или реберное;

б) брюшное или диафрагмальное;

в) смешанное или грудобрюшное.

Ученику нужно выработать смешанный (грудобрюшной) тип дыхания. Этот тип дыхания очень выгодно отличается от других тем, что позволяет брать больше воздуха, и, следовательно, дает возможность добиваться лучшего звучания и свободной игры. Во время глубокого вдоха грудная клетка расширяется во всех направлениях, а диафрагма опускается вниз. При спокойном выдохе ребра грудной клетки и диафрагма плавно должны вернуться в первоначальное положение. Глубина вдоха должна соответствовать длине музыкальной фразы. Часто производить смену дыхания не рекомендуется. Это утомляет дыхательные мышцы и отражается на здоровье.

ПРОВЕДЕНИЕ ПЕРВЫХ УРОКОВ

Прежде чем приступить к первоначальным упражнениям, следует подготовить инструмент к игре, а именно: пропустить несколько капель воды в камыш, затем, опорожнив его, закрыть колпачком и через 15-20 мин. приступить к игре. Перед началом игры следует указать ученику место трости-камыша на губах, показать прием извлечения звука, затем объяснить способы вдоха и выдоха при игре. Для этого необходимо охватить трость губами, слегка надуть щеки так, чтобы внутренние стенки губ отделились от десен и зубов, создавая воздушное пространство.

Добившись правильного извлечения звука, можно приступить к первоначальным упражнениям. Следует отметить, что дудук имеет две аппликатуры.

Первая аппликатура облегченная (где не применяется мизинец левой руки). Первая аппликатура применяется в начальный период обучения.

Вторая аппликатура усложненная, в связи с наличием многозначных гамм и пьес, где участвуют все пальцы рук.

С целью развития у ученика художественного вкуса и пробуждения интереса к занятиям, желательно часто менять музыкальный материал его репертуара. В течение первого года обучения ученик должен усвоить приемы игры на дудуке и выработать начальные исполнительские навыки.

ЗАПИСЬ ЗВУКОВ

Музыкальные звуки имеют 7 основных названий: до, ре, ми, фа, соль, ля, си. Эти звуки, периодически повторяясь, образуют основные ступени музыкального звукоряда. Для, письменного обозначения звуков служит нотное письмо. Ноты, имеющие форму овальных точек или пустых овалов, пишутся на пятилинейной нотной системе, называемой нотоносцем или нотным станом. Ноты помещаются на линейках и между ними. Счет линеек ведется снизу-вверх.

Ноты, не умещающиеся на нотном стане, пишутся на добавочных линейках под ним и над ним.

Знак, определяющий название и точную высоту звуков, называется ключом. Для дудука в начале нотоносца ставится скрипичный ключ (ключ-соль). На этой линейке пишется нота соль первой октавы.

Участок, охватывающий основные 7 ступеней звукоряда, называется октавой. В звуковой объем усовершенствованного дудука входят следующие октавы:

ДЛИТЕЛЬНОСТЬ

Единицей счета служит четвертная нота (♩). Она исполняется на один счет. Звук, продолжительностью вдвое больше четвертной ноты, обозначается половинной нотой (𝅗𝅥) и исполняется на 2 счета. Звук, вдвое больше половинной ноты, записывается целой нотой (𝅝) и выдерживается 4 счета. Восьмая нота (♪) - вдвое короче четвертной ноты, шестнадцатая (𝅘𝅥𝅯) - вдвое короче восьмой и т. д.

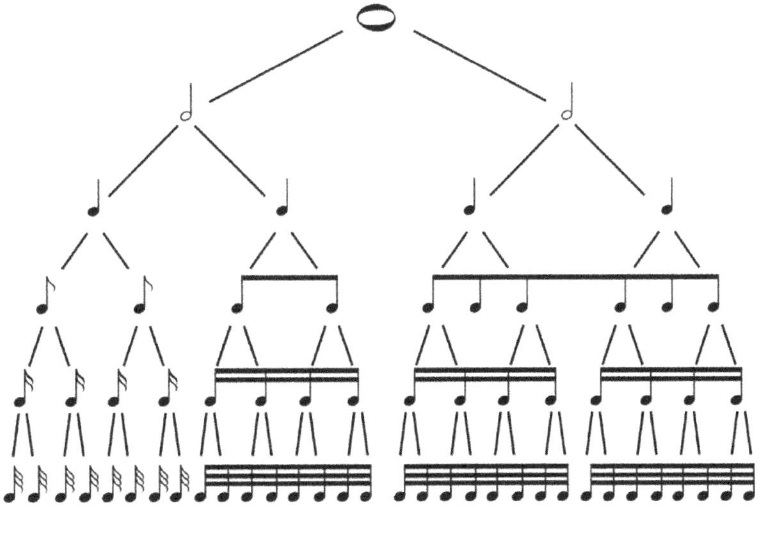

Паузы. Перерыв в звучании называется паузой. Паузы измеряются теми же длительностями, что и ноты, и обозначаются так:

Такт, размеры тактов. Для удобства чтения нот музыкальная запись делится на равные отрезки - такты. Они разделяются между собой тактовыми чертами. В начале музыкального произведения после ключа выставляется размер. Он обозначается двумя цифрами одна над другой. Верхняя цифра указывает число долей в такте, нижняя — длительность каждой доли. Некоторые виды наиболее употребительных размеров: 4/4 или С, 3/4, 2/4, 3/8, 6/8.

ЗНАКИ АЛЬТЕРАЦИИ

Для обозначения повышения или понижения звуков на полутон употребляют знаки альтерации диез (♯), бемоль (♭), бекар (♮). Каждый диез (♯) или бемоль (♭), поставленный в начале музыкальной пьесы у ключа, называется ключевым знаком и действует на протяжении всей пьесы. Знаки альтерации внутри тактов называются случайными. Они сохраняют свое действие только в течение того такта, в котором встречаются.

а) Диез (♯) показывает повышение данной ступени или звука на полтона.

б) Бемоль (♭) показывает понижение данной ступени или звука на полтона.

в) Бекар (♮) отменяет действие диеза и бемоля.

г) Иногда звуки повышаются или понижаются на целый тон (два полутона). Такое двойное повышение звуков обозначается знаком дубль-диез (𝄪). Двойное понижение обозначается знаком дубль-бемоль (♭♭).

SHORT INFORMATION ABOUT DUDUK

Duduk is a widely known instrument among the peoples of Trans-Caucasus, Dagestan and Middle Asia. The principal features of a duduk are the body, a reed, a regulator and a cap. Traditional duduks have nine finger holes, eight of which are situated on the front of the cylinder, with one on the opposite side.

The body of duduk (its length is 350-450 mm) is made of apricot wood. The reed is placed into the round hole of the body; its upper top is flattened, to form a double reed with a flat dimension. The regulator, or parda, is placed in the middle of the reed. The movement of the regulator (parda) changes the pitch of the instrument. The timbre of duduk is of soft drawling. It is often used as an accompanying instrument and through long continuous melodious sound (dam) accompanies the main melody.

The modern improved duduk has 14 finger holes along the full length of the instrument, eight of which are situated on the front of the cylinder, with 6 holes on the opposite side.

The range of the traditional duduk has been extended by the author and the musical master Sergey Avanesov, by adding levers and lengthening of the body. With these changes, the following notes have been added to the instrument: E, F, F#, G, and G# of the small octave, as well as D, D# and E of the second octave. The addition of these levers enables the player to play all of the scales.

G. Minasov and S. Avanesov not only improved the traditional duduk, but they also created several new instruments: bass, tenor and baritone duduks. These instruments now make it possible to perform pieces within a three-octave range that is not possible with traditional duduk. These instruments can be used in quartets, as well as folk ensembles and orchestras.

Duduk family includes instruments in different keys, such as in C, B, A, G, Es, D and F.

METHODICAL INSTRUCTIONS

The lesson with the beginner student is quite crucial, since their future as a player-musician depends on a correct foundation. It is recommended that the students start learning duduk at the ages 12-14. While selecting students it is very important to pay attention to their physical well-being. The student should have a good ear for music, a feeling for rhythm and musical sensitivity and appreciation. The success of the student also depends on the quality of the instrument being used, therefore the instructor, who works with beginners, must be responsible for the working order of student's instruments in the beginning. The education of the student should be step-by-step, following student's overall progress and requirements to master a technical performance, musical taste and education. Therefore, the instructor must carefully observe the coordinates elements of technical performance and personal expression during the students work on whatever piece of music he or she is engaged in.

A student's progress greatly depends on how well the initial playing foundation is set. Therefore, the instructor must follow in detail all of the instructions given in this book that concern the requirements of aspiration, embouchure, body, head, hand and finger positions and follow that these instructions are well understood by the student. For positive results, students must be able to work alone, and this in turn obliges the instructor to help the students to correctly organize their home and classwork from the very beginning of their studies.

POSITION WHILE PLAYING DUDUK

While playing the duduk, the student must maintain a natural, relaxed posture. It is possible to study and play either sitting or standing. The body should be upright with a relaxed posture.

The instrument should be held at 40-50 degrees to the body. The elbows should be raised a little for the breathing to be free. The head must be kept straight; the back should not bend forward while playing. One must not cross their legs while playing in a sitting position as it disturbs the work of the abdominal press and diaphragm and will hinder breathing. While playing in a standing position the right foot is put slightly forward.

BREATHING

It is necessary to develop breathing skills from the very start. The in-breath should be quick and deep, the out-breath slow and steady. There are three types of breathing:

- Chest or rib
- Abdominal or diaphragmal
- Mixed or chest abdominal

The student should practice the mixed type of breathing. This type differs profitably from the other types of breathing as it allows to intake more air, and therefore assists in the achievement of better sound and freer play. During the deep in-breath the chest widens in all directions and the diaphragm goes down. With a calm out-breath, the ribs of the chest and the diaphragm will smoothly return to their original position. The depth of the breath should correspond to the value of the musical phrase. Frequent changes in the breath's rhythm are not recommended as it tires the breathing muscles.

HOW TO CONDUCT THE FIRST LESSONS

Before starting the primary exercises, it is necessary to get the instrument ready for playing by applying several drops of water inside the reed, empty it, and then to close the cap for 15-20 minutes before playing.

Before playing the student must be shown where to place the reed on the lips, how to produce a sound, and how to breathe while playing. For this, it is necessary to hold the reed with the lips, to swell the cheeks a little so that the inner sides of the lips are separate from the gums, with the teeth forming a necessary space.

Achieving a good sound is necessary before beginning the primary exercises. It must be noted that the duduk has two fingerings. The first fingering is simpler and does not require the left small finger. This fingering is used during the beginning education phase.

The second fingering is more complicated and is used starting from grade 2 because of the presence of multi-ciphered scales and pieces of music demanding the work of all fingers. To develop artistic taste and maintain interest in one's studies, a frequent change of musical repertoire is desirable at the start. Within the first year of study, the student should attain the methods of playing and develop primary playing skills.

MUSIC NOTATION

Musical sounds have seven basic names: C, D, E, F, G, A and B. These sounds being repeated periodically form the basic steps of the musical gamut. There are special signs for writing the music down. They are called notes. Notes, which are ellipse shaped, are written down on a five-line note system, which is called a stave. Notes are situated on and between the lines.

The lines are counted from the bottom up. Notes, which do not find room on the stave, are written on extra lines, under and above it.

The sign, which defines the name and (accurate) value of the sounds, is called a clef. For the duduk, it is the treble clef. It occurs at the beginning of the stave and wraps the second line with its ringlet. G note is written on this line so this clef is sometimes called G clef as well. A is written between the second and third lines etc.

The section, which includes the basic seven steps of the gamut, is called an octave. This basic gamut with an added first note of the following octave is called a diatonic gamut or scale. Sound range of the duduk includes the following octaves:

RHYTHMIC VALUE

The unit of counting is a quarter note. It is played as one beat. A sound twice as long as a quarter note is marked as a half note and is played for two beats. A sound twice as long as a half note is a whole note and is kept four times. An eighth note is half the length of a quarter note, and a sixteenth note is half the length of an eighth note, etc.

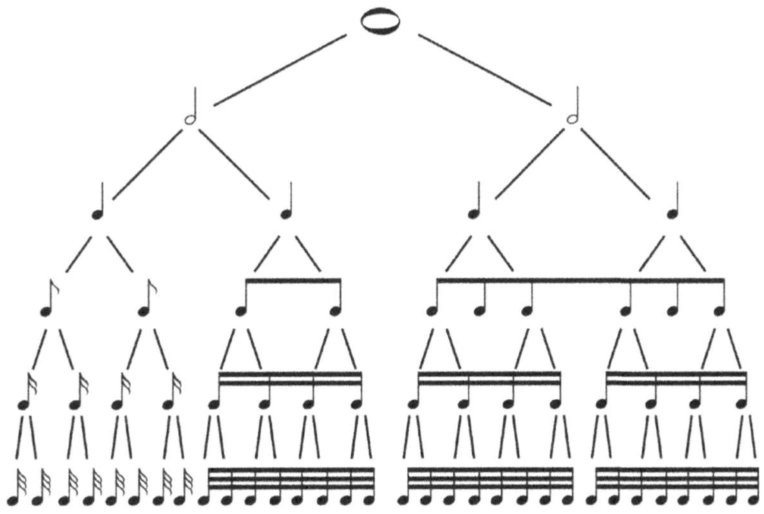

Intermissions. A pause in music is called an intermission. Intermissions are measured by the same values as the notes and are written down in the following way:

Bars. The meter of the bar. For convenient reading, musical scoring is divided into equal parts called bars. They are separated by bar lines. At the beginning of a piece of music after the treble clef, the meter is placed. Two numbers, one above the other, denote it. The upper one shows the number of beat per bar; the lower one shows the value of each of these beats. Some types of meter are 4/4 or C, 3/4, 2/4, 3/8, 6/8.

SIGNS OF ALTERATION

To denote a change in sound by a semitone up (higher) or down (lower) there exist signs of alteration. The signs of alteration within the bars are called accidentals. They keep their effect only within the bar in which they occur. Every sharp or flat placed at the beginning of a piece of music is called the key signature and functions throughout the whole piece.

- Sharp (♯), put in front of a note, makes it a semitone higher:
- Flat (♭), put in front of a note, makes it a semitone lower:
- Natural negates the effect of a sharp or flat.
- Sometimes the sounds become higher or lower for a whole tone (two semitones). Such double change of the tone is marked by a double sharp, if the sound becomes higher and by a double flat if it becomes lower.

ՀԵՂԻՆԱԿԻ ԿՈՂՄԻՑ

Ձեռնարկն առավել արդյունավետ օգտագործելու նպատակով յուրաքանչյուր բաժնի համար տրվել են խորհուրդներ:

I բաժնում առաջարկված վարժությունները, էտյուդները և ոչ մեծ ստեղծագործությունները կօգնեն սկսնակ երաժիշտներին սովորել համաչափ կատարել և գրագետ կարդալ նոտաները:

II բաժնում ամրապնդվում են I բաժինը յուրացնելիս ձևավորված կարողությունները, և ձեռք են բերվում ժողովրդական, գուսանական երգերի, պարեղանակների ու հոգևոր երաժշտության գրագետ կատարման հմտությունները:

III բաժնում ներկայացված են անսամբլներ: Ավելի բարդ ստեղծագործությունների կատար- ման համար խորհուրդ է արվում օգտագործել լայնացված դիապազոնով դուդուկ (տե՛ս էջ 16-17):

IV բաժնում ներառված մուղամները, առանձնահատուկ են նրանով է, որ դրանք պետք է լսողությամբ վերարտադրել՝ որոշակի կանոններով: Մուղամները հեղինակը գրել է դուդուկին հարմար տոնայնությամբ: Ուսանողներին մուղամների ճիշտ կատարումն ուսուցանելիս անհրաժեշտ է ուշադրության դարձնել մասերի հստակ հերթականությանը: Ցանկալի է մուղամը վերլուծել առանց մելիզմների:

Հեղինակը հույս ունի, որ արված խորհուրդները կօգնեն դասարքում շարադրված նյութերն ավելի խորը ուսումնասիրելուն:

ОТ АВТОРА

Для более рационального использования пособия, автором прилагаются рекомендации к каждому разделу.

Упражнения, этюды и небольшие произведения, данные в I разделе, способствуют обучению начинающих музыкантов ровному исполнению и грамотной читке нот.

Во II разделе закрепляются умения, приобретенные в процессе работы над I разделом, и прививаются навыки грамотного исполнения народных, гусанских песен, танцевальных мелодий, духовной музыки.

В III разделе представлены ансамбли. Для исполнения более сложных произведений, данных в III разделе, рекомендуется использование дудака с расширенным диапазоном (см. с 16-17).

IV раздел включает мугамы, особенность которых - воспроизведение на слух но определенным канонам. Автор написал мугамы в тональности, удобной для дудука. При обучении учащихся правильному исполнению мугамов необходимо обращать внимание на соблюдение четкой последовательности частей. Желательно разбирать мугам без мелизмов. Рекомендуется использовать мелизмы после досконального изучения мугама.

Автор надеется, что данные рекомендации помогут более глубокому изучению материала, изложенного в учебнике.

FROM THE AUTHOR

The following recommendations by the author will help properly plan your musical journey with duduk.

The exercises, etudes and small pieces given in Section I are aimed to teach the beginners to perform smoothly and correctly read the notes.

Section II is designed to fix and further build on the skills gained in the Section I, adding the competence of correct performing of folk and gussan songs, dance melodies, spiritual music.

Section III ensemble works are represented. The performance of more complex pieces included this section requires use of modified duduk with increased range (see p. 16-17).

Section IV includes mughams, the peculiarity of which is that they have to be played by ear but following certain rules. The author wrote mughams in the key convenient for duduk. While teaching the students the correct mughams performance it is necessary to pay attention to the strict performance order of the sections within mughams. It is recommended to analyze mughams without ornamentations.

The author hopes that the given recommendations will help students to more thoroughly learn the material given in the book.

I

ԲԱԺԻՆ
РАЗДЕЛ
SECTION

ՆԱԽՆԱԿԱՆ ՎԱՐԺՈՒԹՅՈՒՆՆԵՐ

2/4 և 4/4 չափեր: Ամբողջ և կես տևողություններ: Ամեն հնչյունը հնչեցնելուց առաջ
վերցնել արագ և խորը շունչ, իսկ արտաշնչելը կատարել հավասար և աստիճանական:

НАЧАЛЬНЫЕ УПРАЖНЕНИЯ

Размер 2/4 и 4/4. Длительности - целая и половинная ноты. Перед извлечением
каждого звука делать быстрый и глубокий вдох, а выдох долвен быть равномерным и постепенным.

ELEMENTARY EXERCISES

Meter 2/4 and 4/4. The value - a whole and a half. Before making a sound take a quick and deep breath.
Exhalation should be even and gradual.

7
8
9
10

ՎԱՐԺՈՒԹՅՈՒՆՆԵՐ ՔԱՌՈՐԴ ՆՈՏԱՆԵՐՈՎ

Քառորդ նոտա (♩): Մեկ ամբողջ նոտայի մեջ կան չորս քառորդ նոտաներ:
Ամեն քառորդ նոտան նվագել մեկ բախումով:

УПРАЖНЕНИЯ В ЧЕТВЕРТНЫХ НОТАХ

Четвертная нота (♩). В целой ноте есть 4 четвертные ноты. Каждую четвертную ноту играть на один счет.

EXERCISES IN QUARTER NOTES

A quarter note (♩). There are 4 quarters in a whole note. Each quarter note should be played at one beat.

Andante*

11

Andante

12

Andante

13

* Տե՛ս էջ 225 / См. стр. 228 / See p.228

Andante

14

Moderato

15

Andante

16

ՀՈՅ ՆԱՐ ОЙ, НАР HOY, NAR

Հայկ. ժող. երգ / Арм. нар. песня / Arm. folk song

Andante

17

Moderato

18

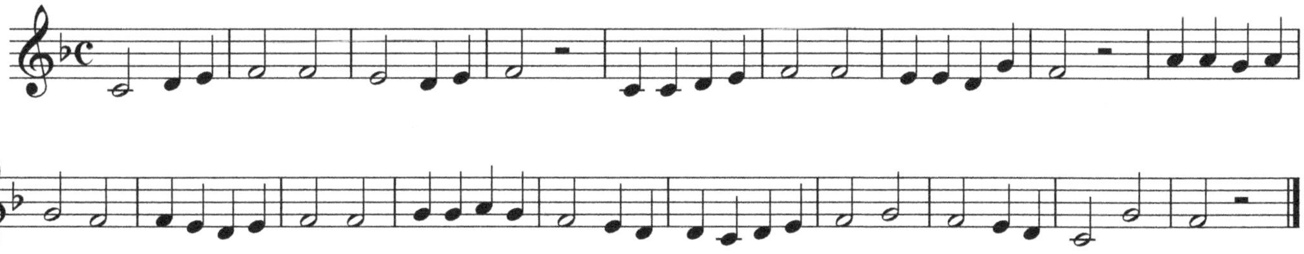

Allegro

19

ՀՈՅ ԻՄ ՆԱԶԱՆԻ ՅԱՐԸ ОЙ, ИМ НАЗАН ЯР HOY, IM NAZAN YAR

(հատված) (отрывок) (excerpt)

Moderato

Հայկ. ժող. երգ / Арм. нар. песня / Arm. folk song

20

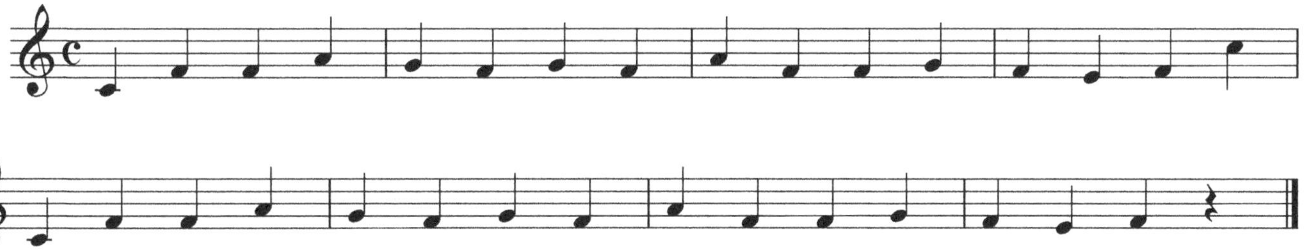

ԷՏՅՈՒԴ ЭТЮД ETUDE

Andante

21

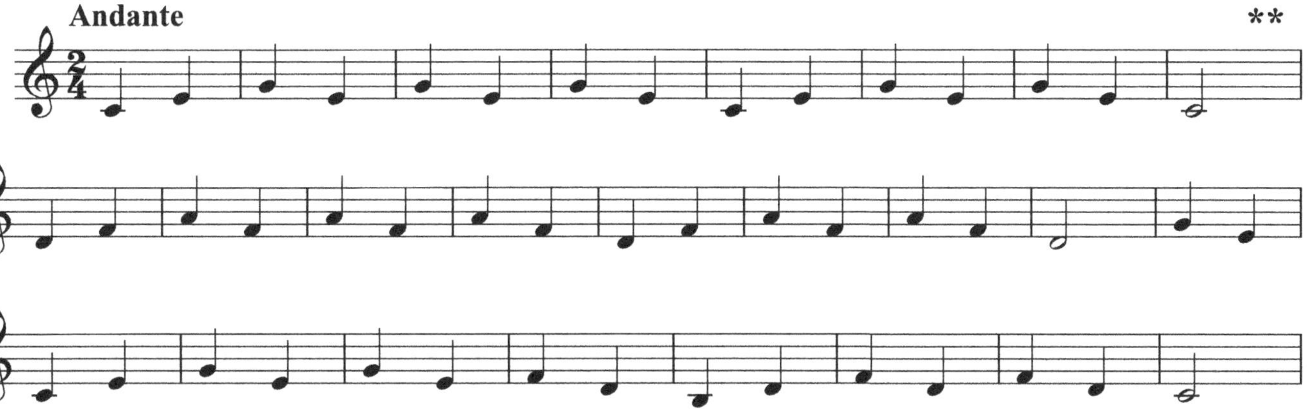

* **Ռեպրիզա**՝ կրկնություն / **Реприза** - знак повтора / **Reprise** - repetition sign

** Այն էտյուդները, որոնց հեղինակը նշված չէ, գրված են Գ. Մինասյանի (սույն ձեռնարկի հեղինակի) կողմից:
Этюды, автор которых не указан, написаны Г. Минасяном (автором данного пособия).
All etudes without author are written by G. Minasyan (author of this textbook).

ՎԱՐԺՈՒԹՅՈՒՆՆԵՐ ԼԵԳԱՏՈ ԿԱՏԱՐՄԱՄԲ

Լեգատո նշանակում է հնչյունների կապակցված, սահուն կատարում:
Լիգան կորագիծ աղեղ է (◡⌒), որը ցույց է տալիս լեգատո կատարումը:

УПРАЖНЕНИЯ В ШТРИХЕ ЛЕГАТО

Легато означает связное исполнение звуков. Лига - это дугообразная линия (◡⌒), которая показывает игру легато.

EXERCISES IN LEGATO

Legato indicate a coherent performance of the sounds. Slur is an arched line (◡⌒) that indicates to play in legato.

22

23

24

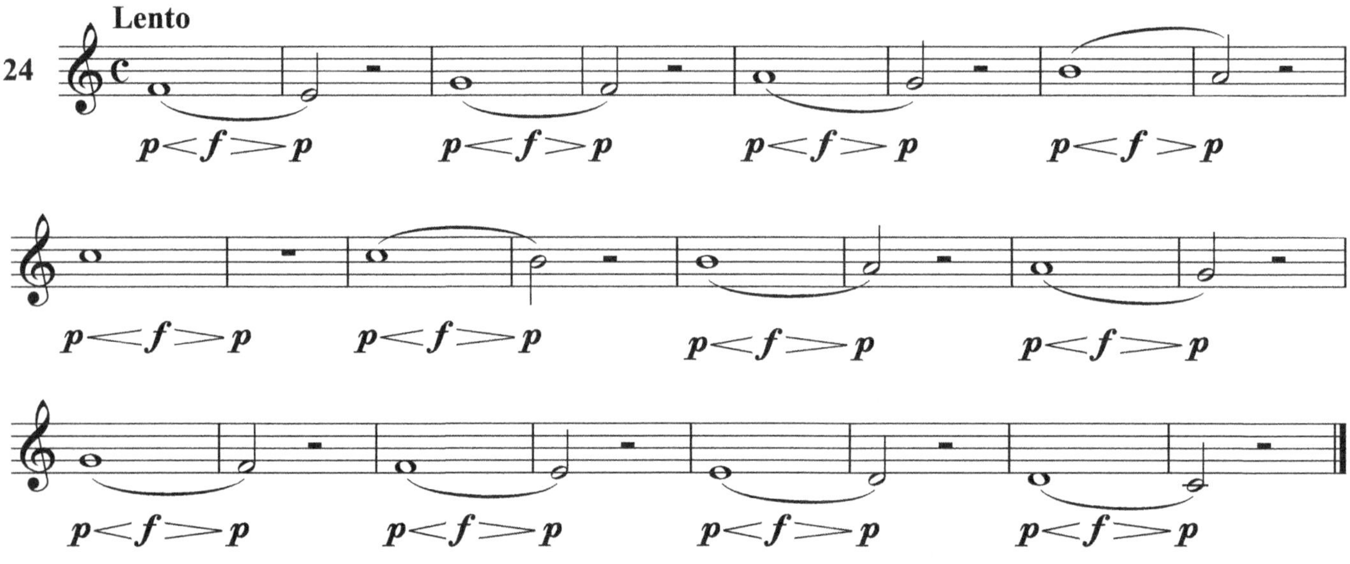

* Տե՛ս էջ 225 / См. стр. 228 / See p.228 ** Տե՛ս էջ 223 / См. стр. 223 / See p.223

Lento

25

Lento

26

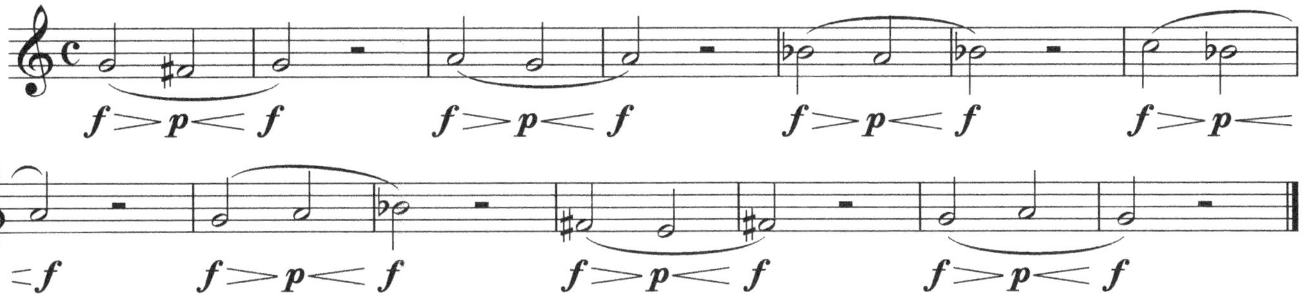

Andante

27

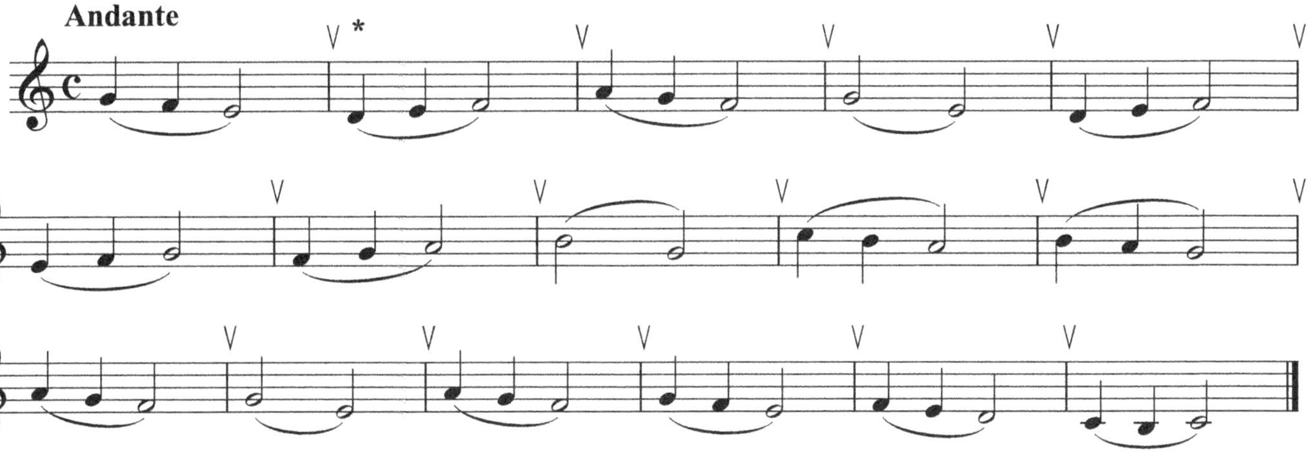

Moderato

28

* V Նշանը ցույց է տալիս շնչառության փոփոխումը: Знак означает смену дыхания. Sign means take breath.

ԿԵՍ ՆՈՏԱ ԿԵՏՈՎ (𝅗𝅥.)

Որևէ նոտայի աջ կողմից դրված կետը երկարացնում է
տվյալ նոտայի տևողությունը իր կիսով չափ:

ПОЛОВИННАЯ НОТА С ТОЧКОЙ (𝅗𝅥.)

Точка рядом с нотой удлиняет длительность ноты на ее половину.

HALF NOTE WITH A DOT (𝅗𝅥.)

A dot next to a note increases it's duration by one half.

Գրվում է
Written

Կատարվում է
Played

Moderato

29

Moderato

30

Tempo di valse

31

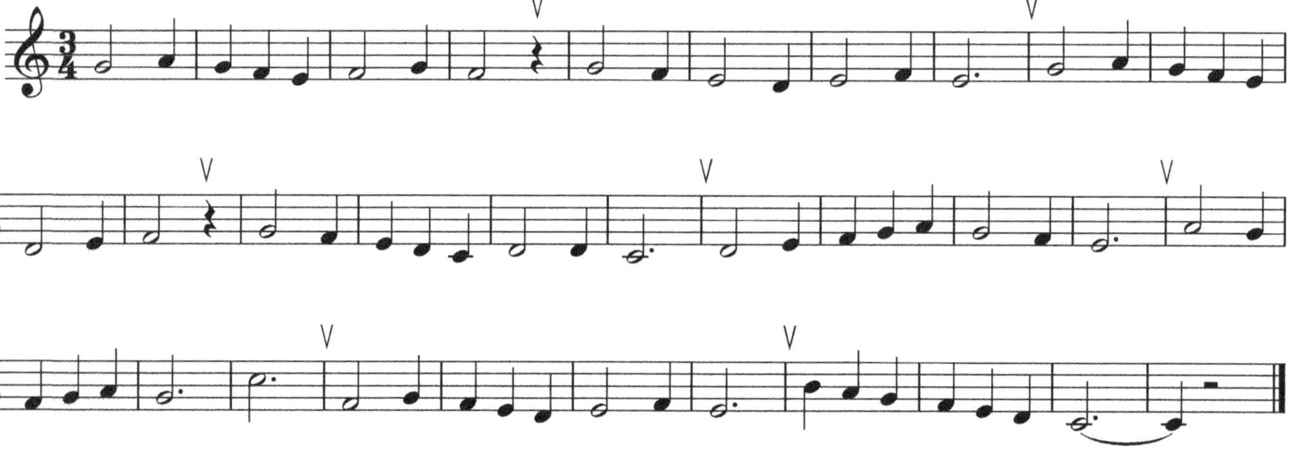

ԴՈ ՄԱԺՈՐ ԳԱՄՄԱ

Գամմա կոչվում է լադի հնչյունների հաջորդական դասավորությունն ըստ բարձրության՝ տոնիկայից տոնիկա:
Գամման կարող է լինել վերընթաց և վարընթաց: Գամմաները լինում են մաժոր և մինոր:

ГАММА ДО МАЖОР

Гаммой называется последовательность звуков по высоте от тоники до тоники, может быть восходящей или нисходящей. Гаммы бывают мажорными или минорными.

THE SCALE OF C DUR

The scale is a sequence of sound by pitch from tonic to tonic. It may be ascending or descending. The scales can be major or minor.

ԱՐՊԵՋՈ
АРПЕДЖИО
ARPEGGIO

ԵՌԱՀՆՉՅՈՒՆ
ТРЕЗВУЧИЕ
TRIAD

Andante

32

Andantino

33

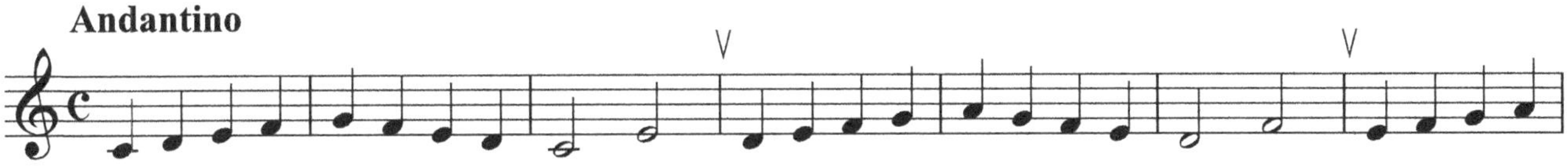

* **Ֆերմատա** է կոչվում 𝄐 կամ 𝄑 նշանը, որը դրվում է նոտայից վեր կամ ներքև և նշանակում է հնչյունի կամ պաուզայի կամավոր երկարացում՝ կախված ստեղծագործության բնույթից, կատարողի ցանկությունից և ճաշակից:

Ферматой называется знак 𝄐 или 𝄑, который ставится над или под нотой и означает, что длинный звук (или паузу) надо выдержать несколько дольше, в зависимости от характера произведения, по желанию исполнителя.

Fermata 𝄐 or 𝄑 is a musical notation symbol indicating that the note (or the rest) should be prolonged beyond the normal duration of its note value. Exactly how much longer it is held is up to the discretion of the performer.

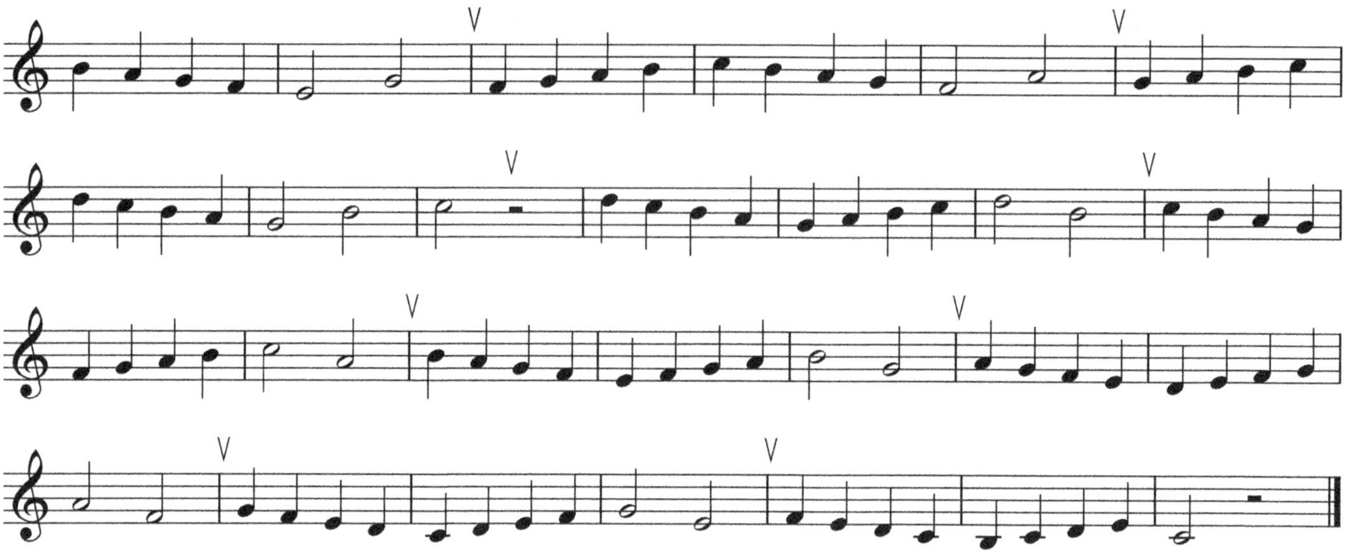

Moderato

34

ԷՏՅՈՒԴ ЭТЮД ETUDE

Moderato

35

ԷՏՅՈՒԴ ЭТЮД ETUDE

Moderato

36

ԷՏՅՈՒԴ ЭТЮД ETUDE

Andantino

37

ՎԱՐԺՈՒԹՅՈՒՆՆԵՐ ՈՒԹԵՐՈՐԴԱԿԱՆՆԵՐՈՎ

Ութերորդական նոտա (♪)։ Մեկ ամբողջ նոտայի մեջ կա ութ ութերորդական նոտա։
Հաշվի մեկ բախումով նվագել երկու հավասար ութերորդականներ։

УПРАЖНЕНИЯ В ВОСЬМЫХ НОТАХ

Восьмая нота (♪). Одна целая нота содержит восемь восьмых. На один удар играют две равные восьмые.

EXERCISES IN EIGHTH NOTES

An eighth note (♪). One whole note includes eight eighth notes. Two equal eighth notes are played at one beat.

Moderato

38

Moderato

39

ԷՏՅՈՒԴ ЭТЮД ETUDE

Allegro moderato

40

ԼՈՐԻԿ ЛОРИК LORIK

Andantino Ռ. Մելիքյան / Р. Меликян / R. Melikyan

41

ԳԱՐՆԱՆԱՅԻՆ ВЕСЕННЯЯ SPRINGTIME
(հատված) (отрывок) (fragment)

Allegro con spirito Խ.Ավետիսյան / Х. Аветисян / Kh. Avetisyan

42

ՔԱՌՈՐԴ ՆՈՏԱՆ ԿԵՏՈՎ

Քառորդ նոտան կետով (♩.) իր տևողությամբ հավասար է երեք ութերորդականի ♩. = ♪♪♪

УПРАЖНЕНИЯ В ВОСЬМЫХ НОТАХ

Четвертная нота с точкой (♩.) равна по длительности трем восьмым ♩. = ♪♪♪

QUARTER NOTE WITH A DOT

A quarter note with a dot (♩.) by its value is equal to three eighth notes ♩. = ♪♪♪

ՇՈՐՈՐԱ ՍԱԼԱԹ ШОРОРА САЛАТ* SHORORA SALAT*

* Переводы приведеныв содержании книги. The translations can be found in the book contents.

ՕՐՈՐՈՑԱՅԻՆ КОЛЫБЕЛЬНАЯ LULLABY

Moderato

Գ. Արմենյան / Г. Арменян / G. Armenyan

45

ՀՈՅ ՆԱԶԱՆ ОЙ, НАЗАН HOY, NAZAN

(Հայկ. ժող.երգ) (Арм. нар. песня) (Arm. folk song)

Vivo

Մշակ.՝ Թ. Ալթունյանի / Обр. Т. Алтуняна / Adapt. T. Altunyan

46

ԱՆԴԱՆՏԻՆՈ АНДАНТИНО ANDANTINO

Andantino

Ա. Խաչատրյան / А. Хачатрян / A. Khachaturian

47

* Տե՛ս էջ 223 / См. стр. 223 / See p.223

ԷՏՅՈՒԴ ЭТЮД ETUDE

Allegro

48

ԼՈՒՍԱՏՏԻԿ СВЕТЛЯЧОК GLOW-WORM

Moderato

Վրաց. ժող. երգ / Груз. нар. песня / Georg. folk song

49

* Տե՛ս էջ 226 / См. стр. 229 / See p.229 ** Տե՛ս էջ 84, 224 / См. стр. 84, 224 / See p.84, 224

ՏԱՍՆՎԵՑԵՐՈՐԴԱԿԱՆ ՆՈՏԱՆԵՐ
ШЕСТНАДЦАТЫЕ НОТЫ
SIXTEENTH NOTES

Andante

50

Allegro moderato

51

ԿԱՔԱՎԻԿ КУРОПАТОЧКА PARTRIDGE

Allegretto

Կոմիտաս / Комитас / Komitas

52

Moderato

53

ԷՏՅՈՒԴ ЭТЮД ETUDE

Allegro

54

ԵՐԵՎԱՆԻ ԳԻՇԵՐՆԵՐԸ
ЕРЕВАНСКИЕ НОЧИ   YEREVAN NIGHTS

Moderato cantabile — Ա. Դոլուխանյան / А. Долуханян / A. Dolukhanyan

55

ՖԻՆՋԱՆ   ФИНДЖАН   FINJAN

Moderato goviale — Հայկ. ժող. երգ / Арм. нар. песня / Arm. folk song

56

ԲՈԲԻԿ ՋՈՒՐ ՄԻ ԷՐԱ   БОБИК ДЖУР МИ ЭРА   BOBIK JUR MI ERA

Moderato — Հայկ. ժող. երգ / Арм. нар. песня / Arm. folk song

* Տե՛ս էջ 223 / См. стр. 223 / See p.223

ԷՏՅՈՒԴ ЭТЮД ETUDE

Moderato

ԷՏՅՈՒԴ ЭТЮД ETUDE

Tempo di marcia

ԿԵՆԱՑ ԵՐԳ ЗАСТОЛЬНАЯ FEAST SONG

(Հայկ. ժող երգ) (Арм. нар. песня) (Arm. folk song)

Allegro maestoso

Մշակ՝ Թ. Ալթունյանի / Обр. Т. Алтуняна / Adapt. T. Altunyan

ԴԱՐՁԻ ՄԵԿ ԱՇԵ   ОГЛЯНИСЬ   LOOK AROUND

Գուսան Շերամ / Гусан Шерам / Gusan Sheram

Moderato

61

ԵՐԵՄ ՋԱՆ   ЕРЕМ ДЖАН   YEREM JAN

(Հայկ. ժող երգ)   (Арм. нар. песня)   (Arm. folk song)

Moderato

Մշակ՝ Թ. Ալթունյանի / Обр. Т. Алтуняна / Adapt. T. Altunyan

62

* Տե՛ս էջ 223 / См. стр. 223 / See p.223

ՊԻԵՍ ПЬЕСА PIECE

Scherzando con allegretto

Ս. Բարխուդարյան / С. Бархударян / S. Barkhudaryan

63

ՏԱԼՎՈՐԻԿԻ ԿՏՐԻՃ
ТАЛВОРИКИ КТРИЧ TALVORIKI KTRICH

Tempo di marcia

Հայկ. ժող. երգ / Арм. нар. песня / Arm. folk song

64

ՍԻ ԲԵՄՈԼ ՄԱԺՈՐ ԳԱՄՄԱ
ГАММА СИ БЕМОЛЬ МАЖОР THE SCALE OF B DUR

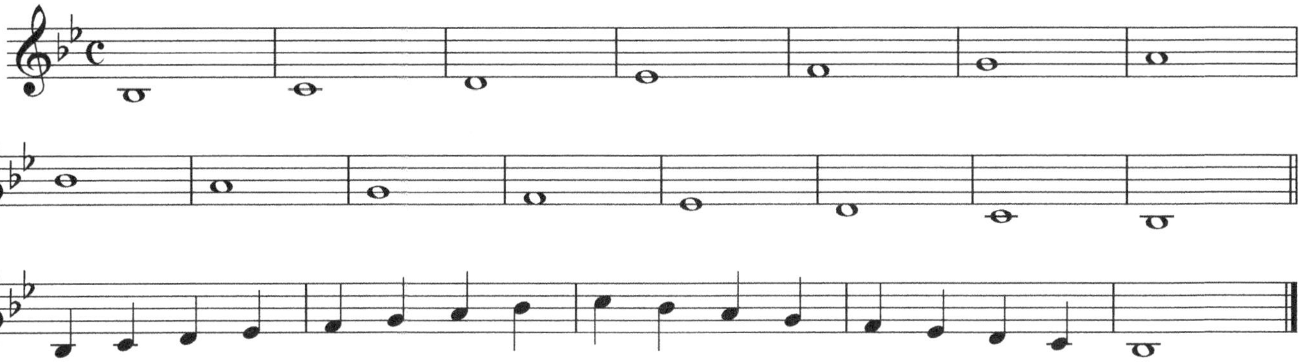

Տարբերակներ. Вариации. Variations

ԱՐՊԵՋՈ
АРПЕДЖИО
ARPEGGIO

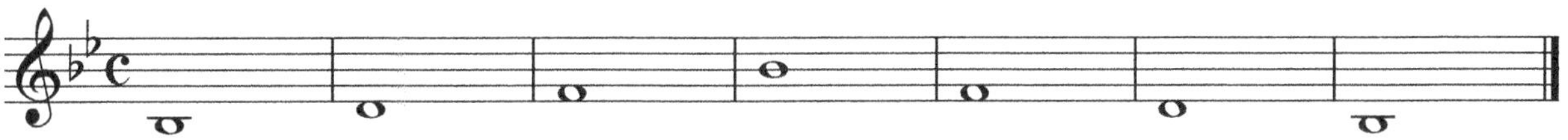

ԵՌԱՀՆՉՅՈՒՆ
ТРЕЗВУЧИЕ
TRIAD

Allegretto

65

Allegretto

66

ԷՏՅՈՒԴ ЭТЮД ETUDE

Moderato

67

ՍՈՒՐԲ, ՍՈՒՐԲ СВЯТ, СВЯТ SAINT, SAINT

Andante cantabile

Մ.Եկմալյան / М. Екмалян / M.Ekmalyan

68

ԻՄ ՀԱՅԱՍՏԱՆ
МОЯ АРМЕНИЯ   MY ARMENIA

Marciale

Գուսան Հավասի / Гусан Аваси / Gusan Havasi

ՂԱՐԱԲԱՂԻ ՔԱՅԼԵՐԳ
КАРАБАХСКИЙ МАРШ   KARABAGH MARCH

Գ. Մանասյան / Г. Манасян / G. Manasyan

Trio

ԷՏՅՈՒԴ ЭТЮД ETUDE

Allegretto

71

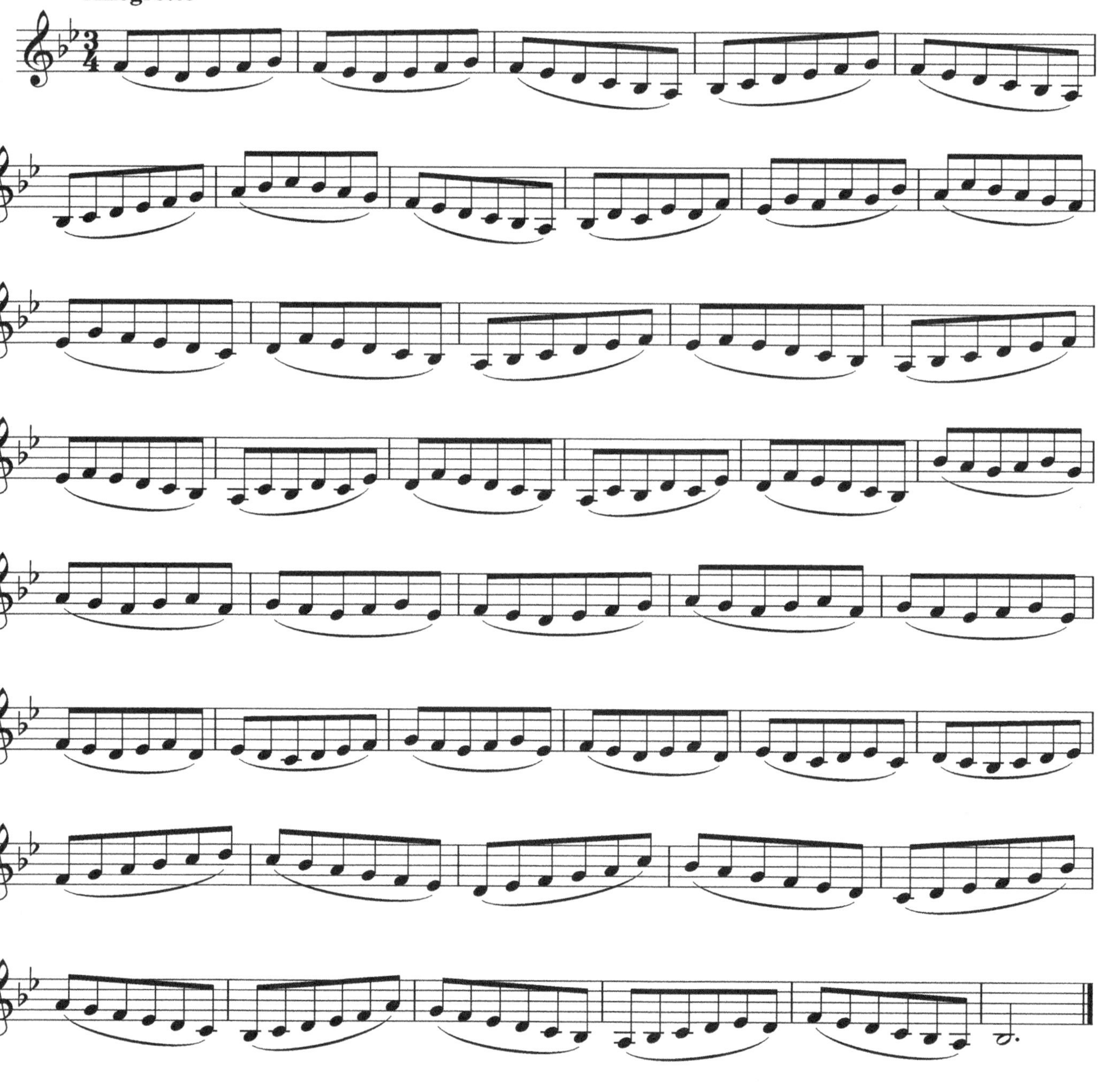

ՍՈԼ ՄԻՆՈՐ ԳԱՄՄԱ
ГАММА СОЛЬ МИНОР   THE SCAE OF G MOLL

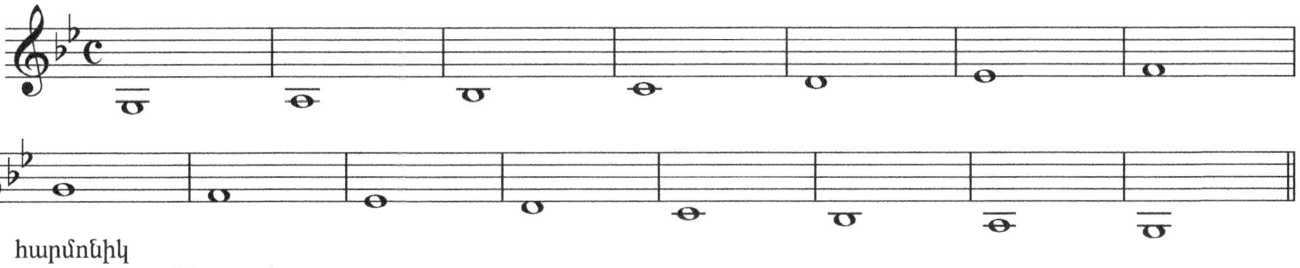

հարմոնիկ
гармонический harmonic

մելոդիկ
мелодический melodic

հարմոնիկ
гармонический harmonic

հարմոնիկ
гармонический harmonic

մելոդիկ
мелодический melodic

մելոդիկ
мелодический melodic

ԱՐՊԵՋՈ
АРПЕДЖИО
ARPEGGIO

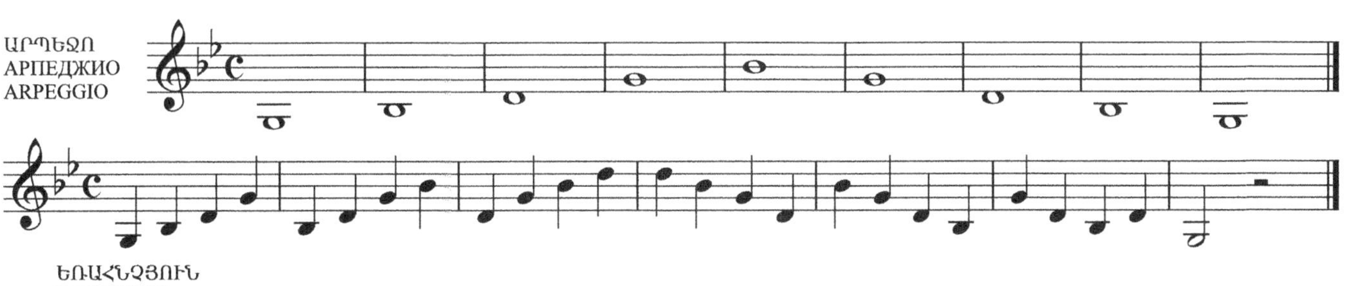

ԵՌԱՀՆՉՅՈՒՆ
ТРЕЗВУЧИЕ
TRIAD

Allegro

72

ԻՆՁ ՄԻ ԽՆԴՐԻՐ НЕ ПРОСИ МЕНЯ DON'T ASK ME

Andantino

Ա. Մայիլյան / А. Маилян / A. Mailyan

73

ՀԻՆԳԱԼԼԱ ХИНГАЛЛА HINGALLA

(Հայկ. ժող երգ) (Арм. нар. песня) (Arm. folk song)

Andante pastorale

Մշակ՝ Թ. Ալթունյանի / Обр. Т. Алтуняна / Adapt. T. Altunyan

74

ԷՏՅՈՒԴ ЭТЮД ETUDE

Խ. Ավետիսյան / Х. Аветисян / Kh. Avetisyan

Allegretto

75

ԵՍ ՍԻՐԵՑԻ ЕС СИРЕЦИ YES SIRETSI

(Հայկ. ժող երգ) (Арм. нар. песня) (Arm. folk song)

Andantino

Մշակ՝ Թ. Ալթունյանի / Обр. Т. Алтуняна / Adapt. T. Altunyan

76

ՍԿԵՐՑՈ СКЕРЦО SCHERZO

Allegro

Խ. Ավետիսյան / Х. Аветисян / Kh. Avetisyan

77

* Տե՛ս էջ 223 / См. стр. 223 / See p.223

ԷՏՅՈՒԴ ЭТЮД ETUDE

ՎՈԿԱԼԻԶ ВОКАЛИЗ VOCALIZE

Moderato

Մ. Մազմանյան / М. Мазманян / M. Mazmanyan

ՍՈԼ ՄԱԺՈՐ ԳԱՄՄԱ
ГАММА СОЛЬ МАЖОР THE SCALE OF G DUR

ԱՐՊԵՋՈ
АРПЕДЖИО
ARPEGGIO

ԵՌԱՀՆՉՅՈՒՆ
ТРЕЗВУЧИЕ
TRIAD

Allegretto

80

ԷՏՅՈՒԴ ЭТЮД ETUDE

ԷՏՅՈՒԴ ЭТЮД ETUDE

Allegretto

83 

ՋԱՂՑԻ ԲՈԼՈՐ ԿԱՆԱՉ (Հայկ. ժող երգ)
ВСЕ ЗЕЛЕНО ВОКРУГ МЕЛЬНИЦЫ (Арм. нар. песня)
EVERYTHING IS GREEN AROUND THE MILL (Arm. folk song)

Allegro non troppo

Մշակ՝ Թ. Ալթունյանի / Обр. Т. Алтуняна / Adapt. T. Altunyan

84 

ԷՏՅՈՒԴ ЭТЮД ETUDE

Moderato

85

ԷՏՅՈՒԴ ЭТЮД ETUDE

Allegretto

86

ՄԱՐԳԱԳԵՏՆՈՒՄ НА ЛУГУ ON THE MEADOW

Ս. Բարխուդարյան / С. Бархударян / S. Barkhudaryan

Allegretto

ԳԵՂՋԿԱԿԱՆ ՊԱՐ СЕЛЬСКИЙ ТАНЕЦ COUNTRY DANCE

Վ.Ա. Մոցարտ / В.А. Моцарт / V. A. Mozart

Allegro moderato

* Տե՛ս էջ 223 / См. стр. 223 / See p.223

ԷՏՅՈՒԴ ЭТЮД ETUDE

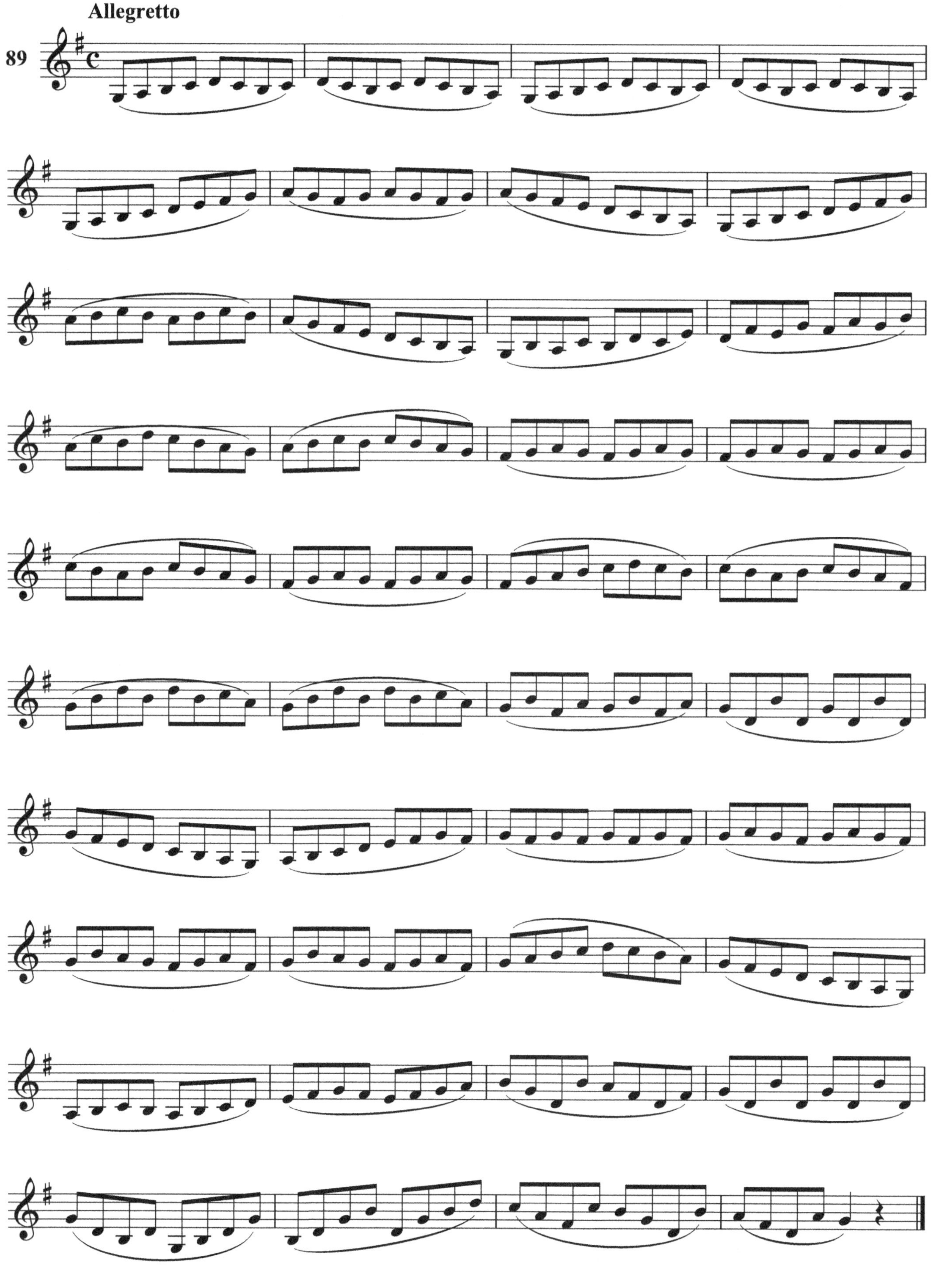

ՏՐԻՈԼ

Տրիոլը գոյանում է որևէ տևողության՝ երեք հավասար մասերի բաժանելուց:

ТРИОЛЬ

Триоль образуется в результате разделения какой-либо длительности на тру равные части.

TRIPLET

Triplet is formed by division of any duration to three equal parts.

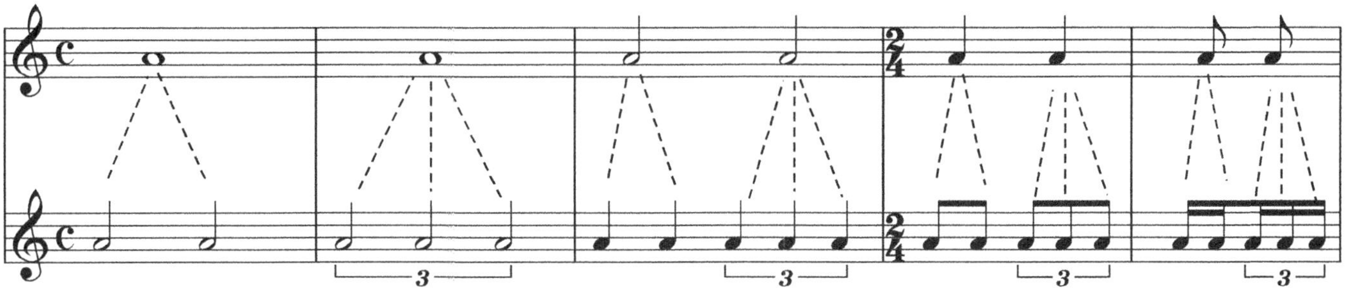

Տրիոլները լինում են	կես նոտաներով	քառորդներով	ութերորդականներով	տասնվեցերորդականներով
Триоли бывают	половинными	четвертными	восьмыми	шестнадцатыми
Triplet types	half	quarter	eighth	sixteenth

Moderato

90

Moderato

91

Moderato

92

Moderato

93

ՀՅՈՒՍԻՍԱՅԻՆ ԱՍՏՂ
СЕВЕРНАЯ ЗВЕЗДА NORTHERN STAR

Մ. Գլինկա / М. Глинка / M. Glinka

Andante maestoso

94

ԼԻՐԻԿԱԿԱՆ ЛИРИЧЕСКАЯ LYRIC SONG
(Հայկ. ժող երգ) (Арм. нар. песня) (Arm. folk song)

Մշակ՝ Թ. Ալթունյանի / Обр. Т. Алтуняна / Adapt. T. Altunyan

Andante

95

6/8 ՉԱՓ   РАЗМЕР 6/8   6/8 MEASURE

Moderato

96

ԷՏՅՈՒԴ   ЭТЮД   ETUDE

Allegretto

97

ՊԱՐ ТАНЕЦ DANCE

Allegro non troppo

Գ. Մինասյան / Г. Минасян / G. Minasyan

98

ԷՆԶԵԼԻ ЭНЗЕЛИ ENZELY

(հատված) (отрывок) (extract)

Moderato

Ա. Սպենդիարյան / А.Спендиарян / A. Spendiaryan

ՀԱՄԲԱՐՁՈՒՄ ՅԱՅԼԱ АМБАРЦУМ ЯЙЛА HAMBARTSUM YAYLA

("Անուշ" օպերայից) (из оперы "Ануш") (from "Anush" opera)

Allegretto

Ա. Տիգրանյան / А.Тигранян / A. Tigranyan

ՀԻՆ ԱՄՐՈՑ
("Պատկերներ ցուցահանդեսից" N2)

СТАРЫЙ ЗАМОК
("Картинки из выставки" N2)

OLD CASTLE
("Pictures from Exhibition" N2)

Adagio cantabile

Գ. Մուսորգսկի / Г. Мусоргский / G. Musorgsky

ՀՈՎԵՐՆ ԸՆԿԱՆ   ОВЕРН ЭНКАН   HOVERN ENKAN

Հայկ. ժող. երգ / Арм. нар. песня / Arm. folk song

102

ԿԻԼԻԿԻԱ КИЛИКИЯ KILIKIA

Գ. Երանյան / Г. Еранян / G. Yeranean

ՌԵ ՄԻՆՈՐ ԳԱՄՄԱ   ГАММА РЕ МИНОР   THE SCALE OF D MOLL

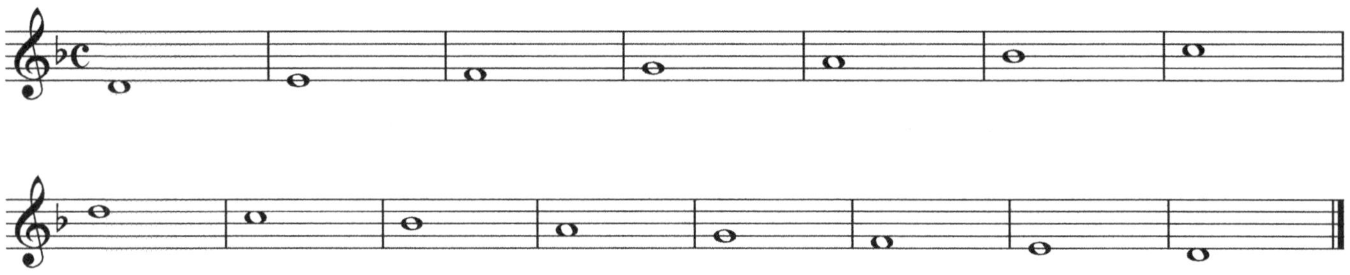

հարմոնիկ
гармонический harmonic

մելոդիկ
мелодический melodic

ԱՐՊԵՋՈ
АРПЕДЖИО
ARPEGGIO

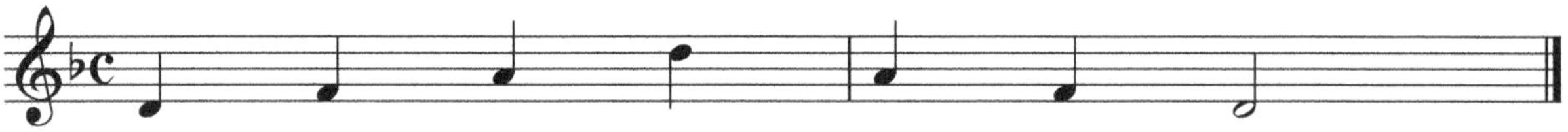

ՆՈՒԲԱՐ-ՆՈՒԲԱՐ   НУБАР-НУБАР   NUBAR-NUBAR

Մշակ՝ Թ. Ալթունյանի / Обр. Т. Алтуняна / Adapt. T. Altunyan

104

ՀԻՋԱԶ ХИДЖАЗ HIJAS

Scherzando con allegretto

Ա. Սպենդիարյան / А.Спендиарян / A. Spendiaryan

* Տե՛ս էջ 84, 224 / См. стр. 84, 224 / See pp. 84, 224

ՄԱՐԱԼԻԿ МАРАЛИК MARALIK

Հայկ. ժող. պար / Арм. нар. танец / Arm. folk dance

106

ԷՏՅՈՒԴ ЭТЮД ETUDE

Moderato

107

ՍԻՆԿՈՊԱ

Շեշտի փոխադրումը տակտի ուժեղ մասից դեպի թույլ մաս կոչվում է **սինկոպա**:
Սինկոպան միշտ լինում է երեք տեսակ՝ 1) ներտակտային 2) միջտակտային, և
3) երբ սպասված շեշտի փոխարեն դրվում է պաուզա:

СИНКОПА

Перенос акцента с сильной доли такта на слабую называется синкопой. Синкопа бывает трех видов: 1) внутритактовая, 2) межтактовая, 3) когда вместо ожидаемого акцента ставится пауза.

SYNCOPATION

Syncopation occurs when there is a shift from a strong accent to a weak accent. There are three different types of syncopation: 1) in beat 2) inter beat 3) when the expected accent is substituted with a pause.

Moderato

108

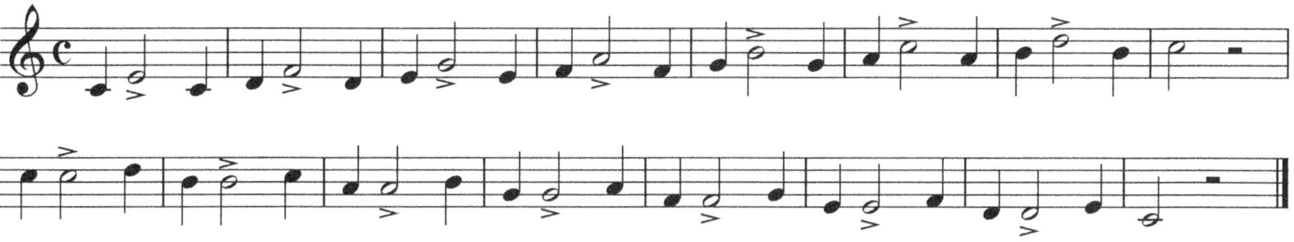

Moderato

109

Moderato

110

111

ԼԵՊՀՈ ԼԵ, ԼԵ   ЛЕППО ЛЕ, ЛЕ   LEPHO LE, LE

Մշակ.՝ Ք. Կարա-Մուրզայի / Обр. К. Кара-Мурзы / Adapt. L. Kara- Murza

112

ՀՈՎԻՎ   ПАСТУХ   SHEPHERD

Չեխական. ժող. երգ / Чешская нар. песня / Czech folk song

113

* Տե՛ս էջ 223 / См. стр. 223 / See p.223

ՎԱԼՍ ("Քնած գեղեցկուհի" բալետից)

ВАЛЬС (из балета "Спящая красавица") WALTZ (extract from "Sleeping Beauty" ballet)

Tempo di valse

Պ. Չայկովսկի / П. Чайковский / P. Tchaikovsky

114

ԱՊԱՐԱՆԸ ՔԱՐՈՏ Է АПАРАН - КАММЕНЫЙ КРАЙ STONY APARAN

Allegretto

Հայկ. ժող. երգ / Арм. нар. песня / Arm. folk song

115

ՄԻ ԲԵՄՈԼ ՄԱԺՈՐ ԳԱՄՄԱ
ГАММА МИ БЕМОЛЬ МАЖОР   THE SCALE OF Es DUR

ԱՐՊԵՋՈ
АРПЕДЖИО
ARPEGGIO

ԵՌԱՀՆՉՅՈՒՆ
ТРЕЗВУЧИЕ
TRIAD

ՏՂԱՄԱՐԴԿԱՆՑ ՊԱՐԸ   ТАНЕЦ МУЖЧИН   MEN'S DANCE

("Ալմաստ" օպերայից)   (из оперы "Ануш")   (from "Almast" opera)

Ա. Սպենդիարյան / А.Спендиарян / A. Spendiaryan

Moderato

116

ԷՏՅՈՒԴ ЭТЮД ETUDE

Allegretto

117

ԴՈ ՄԻՆՈՐ ԳԱՄՄԱ
ГАММА ДО МИНОР THE SCALE OF C MOLL

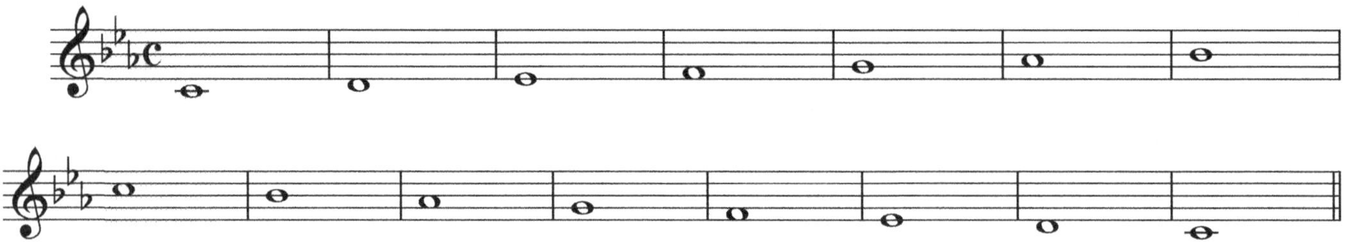

հարմոնիկ
гармонический harmonic

մելոդիկ
мелодический melodic

ԱՐՊԵՋՈ
АРПЕДЖИО
ARPEGGIO

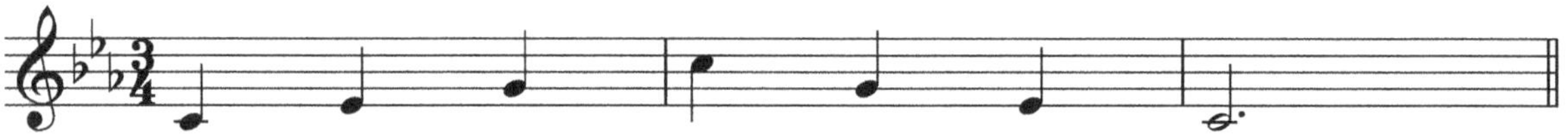

ԵՌԱՀՆՉՅՈՒՆ
ТРЕЗВУЧИЕ
TRIAD

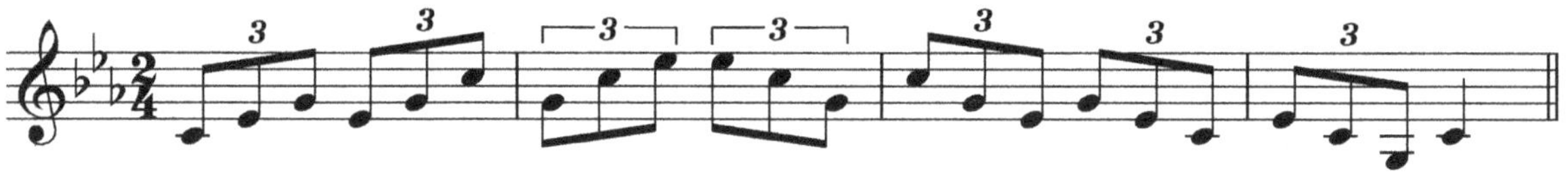

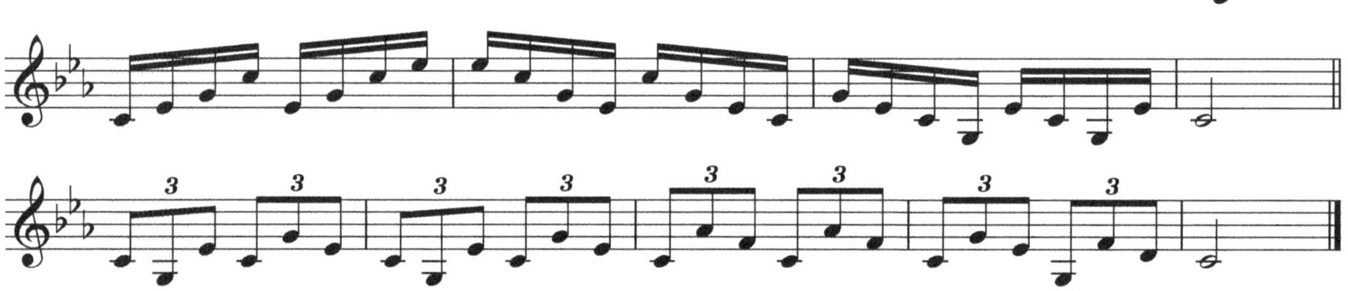

ԵՐԳ ПЕСНЯ SONG

Գ. Չթչյան / Г. Чтчян / G. Chtchyan

118

a tempo

ՀԱՐՍ ԵՄ ԳՆՈՒՄ   ВЫХОЖУ ЗАМУЖ   I AM GETTING MARRIED

(Հայկ. ժող երգ)   (Арм. нар. песня)   (Arm. folk song)

Մշակ՝ Թ. Ալթունյանի / Обр. Т. Алтуняна / Adapt. T. Altunyan

Allegretto

119

ԵՐԳ   ПЕСНЯ   SONG

Ա. Սպենդիարյան / А.Спендиарян / A. Spendiaryan

Moderato

120

ՍԱՐԵՐԻ ՀՈՎԻՆ ՄԵՌՆԵՄ
САРЕРИ ОВИН МЕРНЕМ SARERI HOVIN MERNEM

Հ. Բադալյան, մշակ՝ Թ. Ալթունյանի
О. Бадалян, обр. Т. Алтуняна
H. Badalyan, adapt. T. Altunyan

ԷՏՅՈՒԴ ЭТЮД ETUDE

Vivace

122

ՄԵԼԻԶՄՆԵՐ

Մանր տևողությամբ հնչյուններով մեղեդին զարդարելը անվանվում է **մելիզմ**: Մեծ քանակությամբ մելիզմներից լայն կիրառություն են ստացել փորշլագը, մորդենտը, տրելը:

МЕЛИЗМЫ

Мелизмы - звуки относительно мелкой длительности, украшающие отдельнэ звуки. Наиболее часто встречаются форшлаг, мордент и трель.

MELISMAS

Melismas are sounds of relatively short duration ornamenting separate sound. From vast amount of existing melismas most commonly used are the gracenote, mordent and shake.

ՓՈՐՇԼԱԳ* ФОРШЛАГ* GRACENOTE *

Կարճ փորշլագ / Короткий форшлаг / Short Gracenote

Գրվում է
Пишется
Writter

Կատարվում է
Исполняется
Played

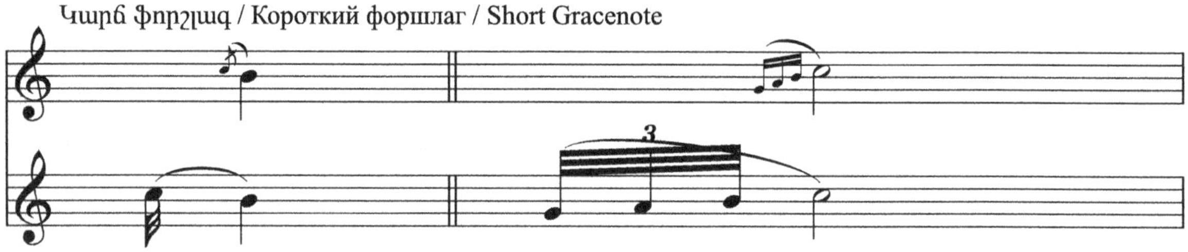

Երկար փորշլագ / Длинный форшлаг / Long Gracenote

ՄՈՐԴԵՆՏ* МОРДЕНТ* МОРДЕНТ*

Գծված մորդենտ
Перечеркнутый мордент
Crossed mordent

Կրկնակի մորդենտ
Двойной мордент
Double mordent

Կրկնակի գծված մորդենտ
Перечеркнутый двойной мордент
Double crossed mordent

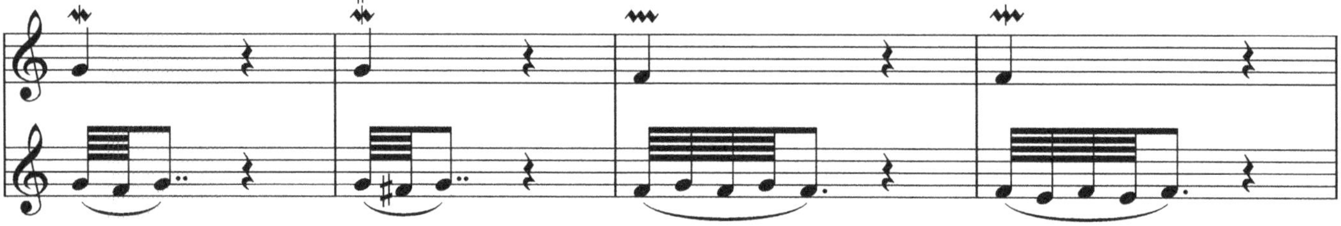

ՏՐԵԼ* ТРЕЛЬ* SHAKE *

* Տե՛ս էջ 224 / См. стр. 224 / See p.224

Ի ՆՆՋՄԱՆԵԴ ԱՐՔԱՅԱԿԱՆ
ПРОСНИСЬ ОТ ЦАРСТВЕННОГО СНА
WAKE UP FROM THE REGAL DREAM

Բաղդասար Դպիր, մշակ՝ Թ. Ալթունյանի
Багдасар Дпир, обр. Т. Алтуняна
Baghdasar Dpir, adapt. T. Altunyan

Adagio

123

ՌԵ ՄԱԺՈՐ ԳԱՄՄԱ   ГАММА РЕ МАЖОР   THE SCALE OF D DUR

АՐՊԵՋՈ
АРПЕДЖИО
ARPEGGIO

ԵՌԱՀՆՉՅՈՒՆ
ТРЕЗВУЧИЕ
TRIAD

ԷՏՅՈՒԴ   ЭТЮД   ETUDE

Կ. Չերնի / К. Черни / K.Cherni

124 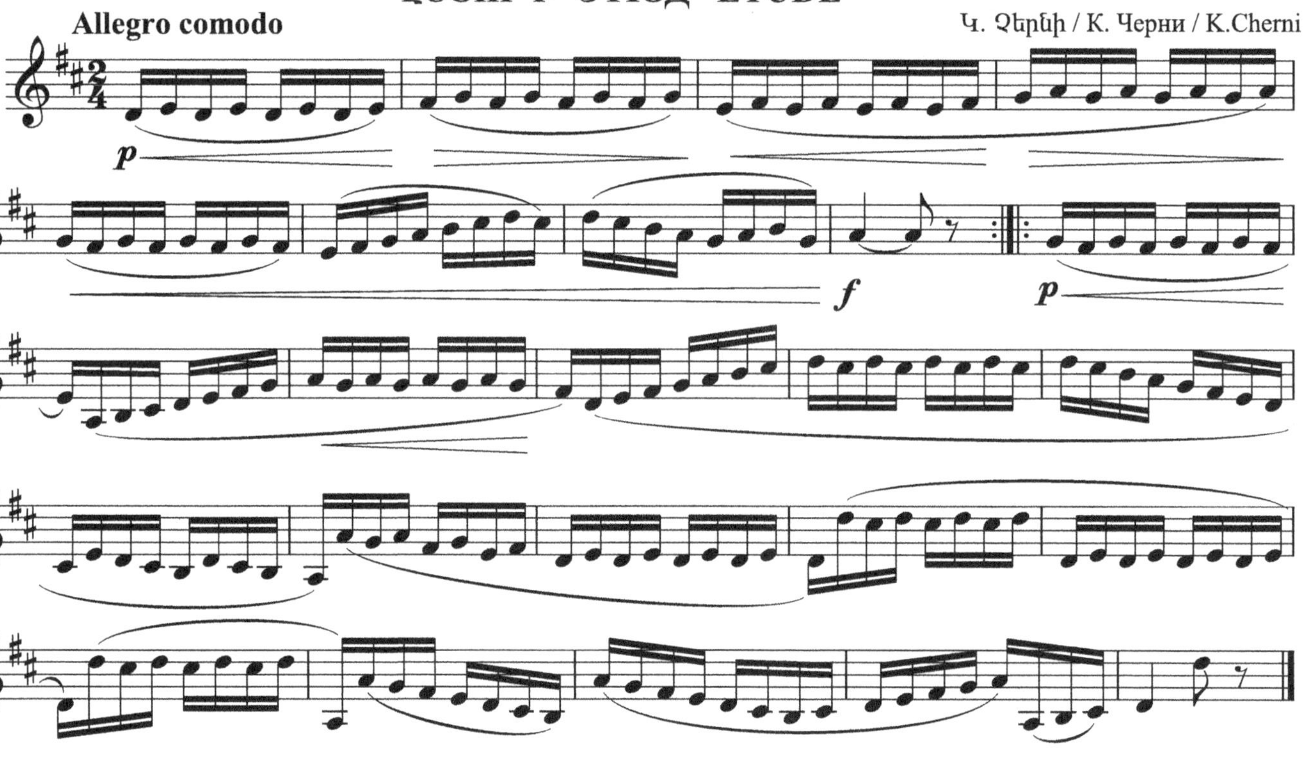

ԼԱԽՏԻ   ЛАХТИ   LAKHTI

(Հայկ. ժող երգ)   (Арм. нар. песня)   (Arm. folk song)

125 

mp
f

ԼՅԱ ՄԻՆՈՐ ԳԱՄՄԱ
ГАММА ЛЯ МИНОР   THE SCALE OF A MOLL

հարմոնիկ
гармонический harmonic

մելոդիկ
мелодический melodic

ԱՐՊԵՋԻՈ ԵՌԱՀՆՉՅՈՒՆ
АРПЕДЖИО ТРЕЗВУЧИЕ
ARPEGGIO TRIAD

ՀՈԳՅԱԿՍ ДУШЕНЬКА SWEETHEART

Allegro scherzando

Հայկ. ժող. երգ / Арм. нар. песня / Arm. folk song

126

ԼԵԿՈՒՐԻ ЛЕКУРИ LEKURI

(պար "Դաիսի" օպերայից) (танец из оперы "Даиси") (dance from "Daisi" opera)

Allegro

Զ. Պալիաշվիլի / З. Палиашвили / Z. Paliashvili

127

2.
mf
1.
2.
dolce
1.
2.
p
f
f

ԼՅԱ ԲԵՄՈԼ ՄԱԺՈՐ ԳԱՄՄԱ
ГАММА ЛЯ БЕМОЛЬ МАЖОР THE SCALE OF AS DUR

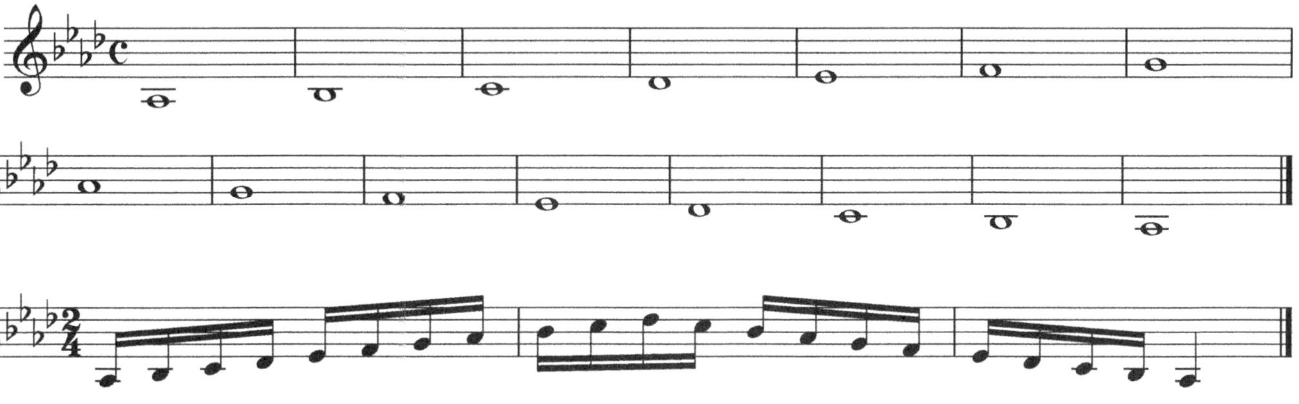

ԱՐՊԵՋՈ ԵՌԱՀՆՉՅՈՒՆ
АРПЕДЖИО ТРЕЗВУЧИЕ
ARPEGGIO TRIAD

128

Տարբերակներ
Варианты Variants

ԲԱՄԲԱԿԱՀԱՎԱՔ СБОР ХЛОПКА COTTON HARVESTING

(պար “Գայանե” բալետից) (танец из балета “Гаяне”) (dance from “Gayane” ballet)

Moderato

Ա. Խաչատրյան / А. Хачатурян / A. Khachaturyan

129

ԷՏՅՈՒԴ ЭТЮД ETUDE

Allegro moderato

130

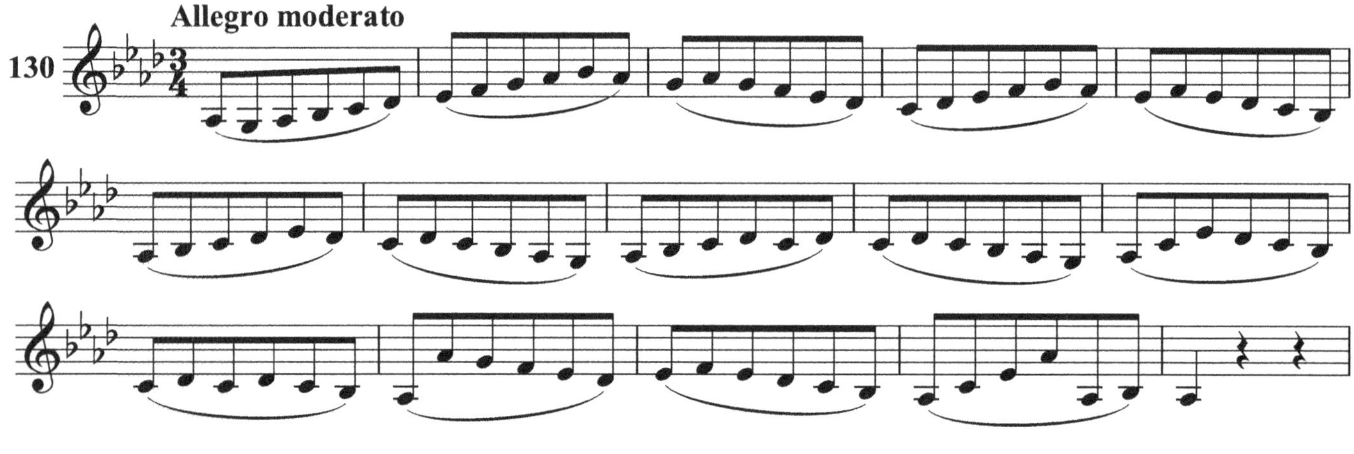

ԷՏՅՈՒԴ ЭТЮД ETUDE

Allegro moderato

131

ԷՏՅՈՒԴ
(“Սեգյահ” ձայնակարգում)

ЭТЮД
(в ладе “Сегях”)

ETUDE
(in “Segyah” mode)

Allegro moderato

132

ԷՏՅՈՒԴ **ЭТЮД** **ETUDE**

(“Չարգյահ” ձայնակարգում) (в ладе “Чаргях”) (in “Chargyah” mode)

133

ԷՏՅՈՒԴ (“Բայաթի Շիրազ” ձայնակարգում)*

ЭТЮД (в ладе “Баяти Шираз”) ETUDE (in “Bayaty Shiraz” mode)

* Էտյուդը գրված է կատարելագործված դուդուկի համար
Этюд написан для усовершенствованного дудука / Etude is written for G. Minasov’s modernized duduk

II

ԲԱԺԻՆ
РАЗДЕЛ
SECTION

ՎԱՐԴԱՆԻ ՄՈՐ ՈՂԲԸ
СКОРБЬ МАТЕРИ ВАРДАНА   VARTAN'S MOTHER'S GRIEF

Andante

Հայկ. ժող. երգ / Арм. нар. песня / Arm. folk song

1

ՅՈՐԺԱՄ   ОРЖАМ   HORZHAM

Andante

Մշակ՝ Մ. Եկմալյանի / Обр. М. Екмалян / Adapt. M. Ekmalyan

2

ՎԱՍՆ ՄԵՐՈՑ ՓՐԿՈՒԹԵԱՆ
ВАСН МЕРО ПРКУТЯН   VASN MERO PRKUTYAN

Moderato

Անանիա Շիրակացի (VII դ.) / Анания Ширакаци (VII в.) / Anania Shirakatsi (VII c.)

3

ԱՆՁԻՆՔ ՆՎԻՐՅԱԼ   АНДЗИНК НВИРЯЛК   ANDZINK NVIRYALK

Moderato Կոմիտաս Աղցեցի (VII դ.) / Комитас Ахцеци (VII в.) / Komitas Aghtsetsi (VII c.)

4

ԶՈՐՍ ԸՍՏ ՊԱՏԿԵՐԻ ՔՈՒՄ
ЗОРС ЫСТ ПАТКЕРИ КУМ   ZORS EST PATKERI KUM

Moderato Գրիգոր Մագիստրոս (XI դ.) / Григор Магистрос (XI в.) / Grigor Magistros (XI c.)

5

ԱՌԱՎՈՏ ԼՈՒՍՈ   АРАВОТ ЛУСО   ARAVOT LUSO

Moderato Ներսես Շնորհալի (XII դ.) / Нерсес Шнорали (XII в.) / Nerses Shnorhali (XII c.)

6

ՀԱՎՈՒՆ, ՀԱՎՈՒՆ   АВУН, АВУН   HAVUN, HAVUN

Գրիգոր Նարեկացի (X դ.) / Григор Нарекаци (X դ.) / Grigor Narekatsi (X դ.)

7

ՍԵՎ ՄՈՒԹ ԱՄՊԵՐ   СЕВ МУТ АМПЕР   SEV MUT AMPRE

Հայկ. ժող. երգ / Арм. нар. песня / Arm. folk song

8

ՄԱՃԿԱԼ   МАЧКАЛ   MACHKAL

Հայկ. ժող. երգ / Арм. нар. песня / Arm. folk song

9

ԱԽ, ԻՄ ՃԱՄՓԵՍ
АХ, ИМ ЧАМПЕС   AKH, IM TCHAMPES

Հայկ. ժող. երգ / Арм. нар. песня / Arm. folk song

Andante

10

ՕՏԱՐ ԱՄԱՅԻ ՃԱՄՓԵՔԻ ՎՐԱ
ОТАР АМАЙИ ЧАМПЕКИ ВРА   OTAR AMAI TCHAMPEQI VRA

Հայկ. ժող. երգ / Арм. нар. песня / Arm. folk song

Moderato

11

ՍԻՐԵՑԻ, ՅԱՐՍ ՏԱՐԱՆ
СИРЕЦИ, ЙАРС ТАРАН   SIRETSI, YARS TARAN

Հայկ. ժող. երգ / Арм. нар. песня / Arm. folk song

Andante

12

ՉՈԼԻ ՋեՅՐԱՆ   ЧОЛИ ДЖЕЙРАН   CHOLI JEYRAN

Allegro

Հավասի / Аваси / Havasi

ՅԱՅԼԱՎՈՐ ՅԱՐՍ   ЯЙЛАВОР ЯРС   YAILAVOR YARS

Moderato

Հավասի / Аваси / Havasi

ԶԵՓՅՈՒՌ, ԲԱՐԵՎ ՏԱՐ
ЗЕПЮР, БАРЕВ ТАР   ZEPYUR, BAREV TAR

Հավասի / Аваси / Havasi

15

ՋԱՎԱԽԵՑԻ ՍԻՐՈՒՆ ԱՂՋԻԿ
ДЖАВАХЕЦИ СИРУН АХЧИК   JAVAKHETSI SIRUN AKHCHIK

Հավասի / Аваси / Havasi

16

ԱԽ, ՄԻ ԱՆԳԱՄ ԷԼ ԶԻՋԵԻՐ
АХ, МИ АНГАМ ЭЛ ЗИДЖЕИР   AKH, MI ANGAM EL ZIJEIR

Allegro vivo

Հավասի / Аваси / Havasi

17

ՇԱՏ ԵՄ ԵՐԳԵԼ   ШАТ ЕМ ЕРГЕЛ   SHAT EM YERGEL

Հավասի / Аваси / Havasi

Allegro vivo

18

ՆԱԶԵ-ՆԱԶ НАЗЕ-НАЗ NAZE-NAZ

Allegretto

Հավասի / Аваси / Havasi

19

ՔԵԶ ԷԼ ՉԻ ՄՆԱ КЕЗ ЭЛ ЧИ МНА QEZ EL CHI MNA

Moderato

Հավասի / Аваси / Havasi

20

ԽՈՍԻ՛Ր, ԻՄ ՍԱԶԸ   ХОСИР ИМ САЗ   KHOSIR, IM SAZ

Allegretto

Հավասի / Аваси / Havasi

21

ԳԱՐՆԱՆ ԾԱՂԻԿ ԵՍ
ГАРНАН ЦАХИК ЕС   GARNAN TSAGHIK ES

Moderato

Հավասի / Аваси / Havasi

22

ԷԼ ՈՒՄ ԵՐԳԵՄ ЭЛ УМ ЕРГЕМ? EL UM ERGEM?

Moderato

Հավասի / Аваси / Havasi

23

ԿԱՐՈՏԵԼ ԵՄ ԵՍ КАРОТЕЛ ЕМ ЕС KAROTEL EM YES

Allegretto

Հավասի / Аваси / Havasi

24

ԵՂՆԻԿԻ ՊԵՍ ԾՈՒՌ ՄԻ ԱՇԵ
ЕХНИКИ ПЕС ЦУР МИ АШЕ   EGHNIKI PES TSUR MI ASHE

25

ԷՆ ՔՈ ՍԵՐՆ Է, ՅԱՐ
ЭН КО СЕРН Э, ЯР   EN QO SERN E, YAR

26

ԳՅՈԶԱԼՍ ԽՌՈՎԵԼ Է
ГЕЗАЛС ХРОВЕЛ Э   GYOZALS XROVEL E

Dolce

Շահեն / Шаген / Shahen

ԱՆՑԱ ԳՆԱՑԻ   АНЦА ГНАЦИ   ANTSA GNATSI

Moderato

Շահեն / Шаген / Shahen

ՆԱՅԻՐՅԱՆ ԴԱԼԱՐ ԲԱՐԴԻ
НАИРЯН ДАЛАР БАРДИ   NAIRYAN DALAR BARDI

Allegro con espressione

Շահեն / Шаген / Shahen

29

ՍԱՍՆԱ ԾՈՒՌ   САСНА ЦУР   SASNA TSUR

Allegro com spirito

Շահեն / Шаген / Shahen

30

ԱԼՄԱՍՏԸ ՇՈՂՈՒՄ Է
АЛМАСТ ШОГУМ Э ALMAST SHOGHUM E

Allegro non troppo

Շահեն / Шаген / Shahen

31

ԶԵՓՅՈՒՌԻ ՆՄԱՆ
ЗЕПЮРИ НМАН ZEPYURI NMAN

Allegretto con anima

Շահեն / Шаген / Shahen

32

ԱՆԳԻՆ ՅԱՐՍ
АНГИН ЯРС ANGIN YARS

Allegro con vivo

Շահեն / Шаген / Shahen

ԳՅՈԶԱԼՍ, ՄԻՆՉ Ե՞ՐԲ ԽՌՈՎ ՄՆԱՍ
ГЕЗАЛС, МИНЧЕВ ЕРБ ХРОВ МНАС?
GYOZALS, MINCHEV ERB KHROV MNAS?

Allegretto

Շահեն / Шаген / Shahen

ԾՈՎԱՍՏՂԻԿՍ ЦОВАСТХИКС TSOVASTGHIKS

Allegretto

Աշոտ / Ашот / Ashot

35

ԼՈՒՍՆԻ ՇՈՂՈՎ ЛУСНИ ШОХОВ LUSNI SHOGHOV

Allegro con spirito

Աշոտ / Ашот / Ashot

36

ԳԱՐՈՒՆ Է   ГАРУН Э   GARUN E

Andantino cantabile

Աշոտ / Ашот / Ashot

37

ՍՅՈՒՅԱՑ ՍԱՐԵՐ
СЮНЯЦ САРЕР   SYUNYATS SARER

Allegretto cantabile

Աշոտ / Ашот / Ashot

38

ՍՈՒՐԲ ՄԱՅՐԵՐ
СУРБ МАЙРЕР   SOURB MAYRER

Andante

Աշոտ / Ашот / Ashot

ՍԵՐՍ ՎԱՆՔՈՒՄ ՏԱԹԵՎԻ
СЕРС ВАНКУМ ТАТЕВИ   SERS VANQUM TATEVI

Moderato

Աշոտ / Ашот / Ashot

ՍԱՐՎՈՐԻ ԵՐԳԸ   САРВОРИ ЕРГ   SARVORI ERG

Allegro non troppo

Աշոտ / Ашот / Ashot

41

ՈՒ՞Ր Է   УР Э?   UR E?

Andante

Աշոտ / Ашот / Ashot

42

ԷՆ ՍԱՐԵՐԸ ЭН САРЕР EN SARER

Աշոտ / Ашот / Ashot

43

ՕՋԱԽՈՒՄ ОДЖАХУМ OJAKHUM

Աշոտ / Ашот / Ashot

44

ՀԱՅՐԻԿ   АЙРИК   HAYRIK

Andante

Աշոտ / Ашот / Ashot

45

ՔՈ ՍԻՐՈ ՀԱՄԱՐ
КО СИРО АМАР   KO SIRO HAMAR

Andante

Աշոտ / Ашот / Ashot

46

ԱՍԱ, ԻՆՉՈՒ՞ ԴՈՒ ԼՈՒՌ ԵՍ
АСА, ИНЧУ ДУ ЛУР ЕС?   ASA, INCHU LUR ES DU?

Allegro

Աշոտ / Ашот / Ashot

ՅԱՐ, ԱՌԱՆՑ ՔԵԶ   ЯР, АРАНЦ КЕЗ   YAR, ARANTS QEZ

Andantino

Աշոտ / Ашот / Ashot

ՀՈՎ ՍԱՐԵՐ, ՄՈՎ ՍԱՐԵՐ
ОВ САРЕР, МОВ САРЕР   HOV SARER, MOV SARER

ՊԱԽՐԱ ПАХРА PAKHRA

Աշոտ / Ашот / Ashot

Moderato

50

ԱՄԵՆ ԱՌԱՎՈՏ   АМЕН АРАВОТ   AMEN ARAVOT

Moderato — Շերամ / Шерам / Sheram

51

ԴՈՒՆ ԻՄ ՄՈՒՍԱՆ ԵՍ
ДУН ИМ МУСАН ЕС   DUN IM MUSAN ES

Andante — Շերամ / Шерам / Sheram

52

ՇՈՐՈՐԱ ШОРОРА SHORORA

Moderato

Շերամ / Шерам / Sheram

53

ԶՈՎ ԳԻՇԵՐ ЗОВ ГИШЕР ZOV GISHER

Moderato

Շերամ / Шерам / Sheram

54

ՈԼՈՐ ՄՈԼՈՐ
ОЛОР МОЛОР   OLOR MOLOR

Moderato

Շերամ / Шерам / Sheram

55

ԳԱԼԻՍ ԵՄ ԴՈՒՐԴ
ГАЛИС ЕМ ДУРД   GALIS EM DURD

Moderato

Շերամ / Шерам / Sheram

56

ԷԼԻ ԷՍՕՐ ՍԻՐՏՍ ԿՈՒԼԱ
ЭЛИ ЭСОР СИРТС КУЛА   ELI ESOR SIRTS KULA

Moderato — Շերամ / Шерам / Sheram

57

ՓՆՋԼԻԿ-ՄՆՋԼԻԿ
ПНДЖЛИК-МНДЖЛИК   PNJLIK-MNJLIK

Moderato — Շերամ / Шерам / Sheram

58

ԱՐԴԵՆ ՄՈՒԹՆ ԸՆԿԵԼ Ա
АРДЕН МУТН ЕНКЕЛ А   ARDEN MUTN YNKEL A

Moderato — Շերամ / Шерам / Sheram

59

ՍԵՐ ԻՄ ՍԻՐՈՒՆ ԵՍ
СЕР ИМ, СИРУН ЕС SER IM, SIRUN ES

Moderato

Շերամ / Шерам / Sheram

60

ՍԱՐԵՐ ԿԱՂԱՉԵՄ САРЕР КАХАЧЕМ SARER KAGHACHEM

Շերամ / Шерам / Sheram

Moderato assai

61

ՍԵՐԻՑ ԷՐՎԱԾ СЕРИЦ ЭРВАЦ SERITS ERVATS

Moderato

Շերամ / Шерам / Sheram

62

ԹԱՌԼԱՆ, ԹԱՌԼԱՆ
ТАРЛАН, ТАРЛАН   TARLAN, TARLAN

Andantino

Շերամ / Шерам / Sheram

63

ՍԻՐՈՒՆՆԵՐ   СИРУННЕР   SIRUNNER

Allegro non troppo

Շերամ / Шерам / Sheram

64

ՊԱՐՏԻԶՈՒՄ ՎԱՐԴԵՐ ԲԱՑՎԱԾ
ПАРТИЗУМ ВАРДЕР БАЦВАЦ   PARTIZUM VARDER BATSVATS

Շերամ / Шерам / Sheram

Moderato

65

ԱՆՋԻԳՅԱՐ ՅԱՐ
АНДЖИГЯР ЯР   ANJIGYAR YAR

Moderato

Շերամ / Шерам / Sheram

66

ՔԵԶԱՆԻՑ ՄԱՍ ՉՈՒՆԻՄ
КЕЗАНИЦ МАС ЧУНИМ   KEZANITS MAS CHUNIM

Շերամ / Шерам / Sheram

67

ԷՍՕՐ ԱՐԱԶՆ ԵՍ ԳՆԱՑԵԼ
ЭСОР АРАЗН ЕС ГНАЦЕЛ   ESOR ARAZN ES GNATSEL

Շերամ / Шерам / Sheram

68

ՀԱԼԱԼ ԷՐԱ
АЛАЛ ЭРА   HALAL ERA

Andante

Շերամ / Шерам / Sheram

69

ԷԼԻ ԵՐԿԻՆՔՆ ԱՄՊԵԼ Ա
ЭЛИ ЕРКИНКН АМПЕЛ А   ELI YERKINKN AMPEL A

Moderato

Շերամ / Шерам / Sheram

70

ՆԱԶ ԱՂՋԻԿ
НАЗ АХЧИК   NAZ AKHCHIK

Moderato

Շերամ / Шерам / Sheram

71

ՎԱՐԴ ՑԱՆԵՑԻ
ВАРД ЦАНЕЦИ   VARD TSANETSI

Moderato — Շերամ / Шерам / Sheram

72

ԱՄՊԵՐՆ ԵԼԱՆ
АМПЕРН ЕЛАН   AMPERN ELAN

Andante cantabile — Շերամ / Шерам / Sheram

73

ԱՎԱՐԱՅՐԻ ԴԱՇՏ
АВАРАЙРИ ДАШТ AVARAYRI DASHT

Tempo di marcia

Ջիվանի / Дживани / Jivani

74

ՈՎ ՍԻՐՈՒՆ, ՍԻՐՈՒՆ
ОВ СИРУН, СИРУН OV SIRUN, SIRUN

Moderato

Ջիվանի / Дживани / Jivani

75

ԴԵՌ ԳԻՇԵՐ Է
ДЕР ГИШЕР Е   DER GISHER E

Moderato

Ջիվանի / Дживани / Jivani

76

ԸՆԿԵՐ   ТОВАРИЩ   FRIEND

Andante

Ջիվանի / Дживани / Jivani

77

ՄԱՅՐԻԿ
МАЙРИК MAYRIK

Moderato

Ջիվանի / Дживани / Jivani

78

ՍՊԻՏԱԿ ՄԱԶԵՐ
СПИТАК МАЗЕР SPITAK MAZER

Allegro moderato

Ջիվանի / Дживани / Jivani

79

ՀՈՎԻԿ
ОВИК HOVIK

Moderato

Ջիվանի / Дживани / Jivani

80

ՍԱՍՈՒՆԱՍԱՐ
САСУНАСАР SASUNASAR

Allegro moderato

Ջիվանի / Дживани / Jivani

81

ԳԵՂԵՑԿՈՒՀՈՒՆ
ГЕХЕЦКУУН GEGHECKUHUN

Moderato

Ջիվանի / Дживани / Jivani

ՀԱՄԲԵՐԵ՛, ՀՈԳԻՍ
АМБЕРЕ, ОГИС HAMBERE, HOGIS

Moderato

Ջիվանի / Дживани / Jivani

ԱՌ, ՆԱԶԵԼԻՍ
АР, НАЗЕЛИС   AR, NAZELIS

Moderato

Ջիվանի / Дживани / Jivani

84

ՁԱԽՈՐԴ ՕՐԵՐ
ДЗАХОРД ОРЕР   DZAKHORD ORER

Andante

Ջիվանի / Дживани / Jivani

85

ԲԼԲՈՒԼԻ ՀԻԴ БЛБУЛИ ИД BLBULI HID
(Ա տարբերակ) (версия I) (version I)

Moderato Սայաթ-Նովա / Саят-Нова / Sayat-Nova

86

ԲԼԲՈՒԼԻ ՀԻԴ БЛБУЛИ ИД BLBULI HID
(Բ տարբերակ) (версия II) (version II)

87

ՄԵ ԽՈՍՔ ՈՒՆԻՄ
МЕ ХОСК УНИМ   ME KHOSQ UNIM

ad libitum

Սայաթ-Նովա / Саят-Нова / Sayat-Nova

ԱՌԱՆՑ ՔԵԶ ԻՆՉ ԿՈՆԻՄ
АРАНЦ КЕЗ ИНЧ КОНИМ   ARANTS KEZ INCH KONIM

Moderato

Սայաթ-Նովա / Саят-Нова / Sayat-Nova

ԱՇԽԱՐՀՈՒՄՍ ԱԽ ՉԻՄ ՔԱՇԻ
АШХАРУМС АХ ЧИМ КАШИ   ASHKHARHUMS AKH CHIM KASHI

Սայաթ-Նովա / Саят-Нова / Sayat-Nova

ՅԻՍ ԿԱՆՉՈՒՄ ԻՄ ԼԱԼԱՆԻՆ
ЙИС КАНЧУМ ИМ ЛАЛАНИН   YIS KANCHUM IM LALANIN

Սայաթ-Նովա / Саят-Нова / Sayat-Nova

ԷՇԽԵՄԵՏ ЭШХЕМЕТ ESHKHEMET

Սայաթ-Նովա / Саят-Нова / Sayat-Nova

92

ՓԱՐՀԱԴՆ ՄԻՌԱԾ
ПАРХАТН МИРАЦ PARHADN MIRATS

Սայաթ-Նովա / Саят-Нова / Sayat-Nova

93

ՈՒՍՏԻ ԿՈՒԳԱՍ ՂԱՐԻԲ ԲԼԲՈՒԼ
УСТИ КУГАС ХАРИБ БЛБУЛ   USTI KUGAS GHARIB BLBUL

Moderato

Սայաթ-Նովա / Саят-Нова / Sayat-Nova

94

ԱՇԽԱՐՀՍ ՄԵ ՓԱՆՋԱՐԱ Է
АШХАРС МЕ ПАНДЖАРА Е   ASHKHARHS ME PANJARA E

Moderato

Սայաթ-Նովա / Саят-Нова / Sayat-Nova

95

ԲՐՈՅԻ БРОЙИ BROYIE

Սայաթ-Նովա / Саят-Нова / Sayat-Nova

ԱՐԻ ԻՆՁ ԱՆԳԱԾ ԿԱԼ
АРИ ИНДЗ АНГАЧ КАЛ   ARI INDZ ANGACH KAL

Allegretto

Սայաթ-Նովա / Саят-Нова / Sayat-Nova

97

ԴՈՒՆ ԷՆ ՀՈՒՌԻՆ ԻՍ
ДУН ЭН УРИН ИС   DUN EN HURIN IS

Moderato

Սայաթ-Նովա / Саят-Нова / Sayat-Nova

98

ՅԻՍ ՔՈՒ ՂԻՄԵԹՆ ՉԻՄ ԳԻՏԻ
ЙИС КУ ХИМЕТН ЧИМ ГИТИ   YIS KU GHIMETN CHIM GITI

Սայաթ-Նովա / Саят-Нова / Sayat-Nova

Moderato

ՅԻՍ ՄԵ ՂԱՐԻԲ ԲԼԲՈՒԼԻ ՊԵՍ
ЙИС МЕ ХАРИБ БЛБУЛИ ПЕС   YIS ME GHARIB BLBULI PES

Սայաթ-Նովա / Саят-Нова / Sayat-Nova

Moderato

ՉԻՍ ԱՍՈՒՄ
ЧИС АСУМ   CHIS ASUM

Սայաթ-Նովա / Саят-Нова / Sayat-Nova

ՊԱՏԿԻՐՔԴ ՂԱԼԱՄՈՎ ՔԱՇԱԾ
ПАТКИРКД ХАЛАМОВ КАШАЦ   PATKIRKT GHALAMOV QASHATS

Սայաթ-Նովա / Саят-Нова / Sayat-Nova

102

ՔԱՄԱՆՉԱ
КАМАНЧА KAMANCHA

Սայաթ-Նովա / Саят-Нова / Sayat-Nova

Moderato

103

ՆԱԶ ՊԱՐ
НАЗ ПАР   NAZ PAR

Ա. Ալեքսանդրյան / А.Александрян / A. Aleksandryan

Moderato grazioso

ՆԱԶԵԼԻ
НАЗЕЛИ NAZELI

Ա. Ալեքսանդրյան / А.Александрян / A. Aleksandryan

ՇԱԼԱԽՈ ШАЛАХО SHALAKHO

Հայկ. ժող. պար / Арм. нар. танец / Arm. folk dance

Andante sostenuto

106

ՇՈՐՈՐ ШОРОР SHOROR

(Հայկ. ժող պար) (Арм. нар. танец) (Arm. folk dance)

Andante sostenuto

Մշակ՝ Թ. Ալթունյանի / Обр. Т. Алтуняна / Adapt. T. Altunyan

107

1.
2.
ff

ԶԱՆԳԵԶՈՒՐԻ ЗАНГЕЗУРИ ZANGEZURI

Կանացի պար Женский танец Women's dance

Elegante

Ա. Ալեքսանդրյան / А.Александрян / A. Aleksandryan

ԲԱԽՏԱՎԱՐԻ
Ղարաբաղի կանացի պար

БАХТАВАРИ
Карабахский женский танец

BAKHTAVARI
Karabakh women's dance

Allegro moderato

109

ՇԻՐԱԿԻ ՇՈՒՐՋՊԱՐ
ШИРАКСКИЙ КРУГОВОЙ ТАНЕЦ
SHIRAK ROUND DANCE

Հայկ. ժող. պար / Арм. нар. танец / Arm. folk dance

Andantino

110

ff
Allegro
tr
tr
tr
tr

ԴԻԼԻՋԱՆ ДИЛИЖАН DILIJAN

Allegretto

Հայկ. ժող. պար / Арм. нар. танец / Arm. folk dance

ԶՈՒՌՆԻ ՏՐՆԳԻ ЗУРНИ ТРНГИ ZURNI TRNGI

Հայկ. ժող. պար / Арм. нар. танец / Arm. folk dance

ՔՈՉԱՐԻ ՄԱՐՏՈՒՆՈՒ
КОЧАРИ МАРТУНИНСКИЙ KOCHARI MARTUNIAN

Հայկ. ժող. պար / Арм. нар. танец / Arm. folk dance

ԿԱՏԱԿ ՊԱՐ
ШУТОЧНЫЙ ТАНЕЦ   FACETIOUS DANCE

Հայկ. ժող. պար / Арм. нар. танец / Arm. folk dance

ՎԵՐ-ՎԵՐԻ ВЕР-ВЕРИ VER-VERI

Հայկ. ժող. պար / Арм. нар. танец / Arm. folk dance

ՏՈՒՅ-ՏՈՒՅ ТУЙ-ТУЙ TUY-TUY

Հայկ. ժող. պար / Арм. нар. танец / Arm. folk dance

116

ՇԱՐԱՆ ШАРАН SHARAN

Հայկ. թեմաներով / По арм. мотивам / Arm. themes

Moderato

117

ՆՈՒՆՈՒՖԱՐ НУНУФАР NUNUFAR

Հայկ. ժող. պար / Арм. нар. танец / Arm. folk dance

Andantino grazioso

118

ՓԵՐԻ ПЕРИ FAIRY

Հայկ. ժող. պար / Арм. нар. танец / Arm. folk dance

Allegretto giocoso

119

ԱՆԱՀԻՏ АНАИТ ANAHIT

Ա. Մերանգուլյան / А.Мерангулян / A. Merangulyan

Moderato

ՆԱԻՐՅԱՆ ԱՂՋԿԱ ՊԱՐ
ТАНЕЦ НАИРИЙСКОЙ ДЕВУШКИ
NAIRI GIRL'S DANCE

Ա. Ալեքսանդրյան / А.Александрян / A. Aleksandryan

ԾԱՂԿԵՓՈՒՆՋ ЦАХКЕПУНДЖ TSAGHKEPUNCH

Խ. Ավետիսյան / Х. Аветисян / Kh. Avetisyan

122

ՇՈՒՇԱՆԻԿԻ ШУШАНИКИ SHUSHANIKI

Հայկ. ժող. պար / Арм. нар. танец / Arm. folk dance

123

ՀՈՒՆՁ ЖАТВА HARVEST

Allegretto

Հայկ. ժող. պար / Арм. нар. танец / Arm. folk dance

ԱՐՏԱՇԱՏԻ АРТАШАТИ ARTASHATI

Հայկ. ժող. պար / Арм. нар. танец / Arm. folk dance

ՍԵՎԱՆԻ СЕВАНИ SEVANI

Ա. Ալեքսանդրյան / А.Александрян / A. Aleksandryan

ՆԱԻՐԻ НАИРИ NAIRI

Ա. Ալեքսանդրյան / А.Александрян / A. Aleksandryan

ՇՈՒՐԻ ԲԱՂԴԱԴՈՒՐԻ
ШУРИ БАГДАДУРИ SHURI BAGHDADURI

Vivo

Հայկ. ժող. պար / Арм. нар. танец / Arm. folk dance

128

ՈՒԶՈՒՆԴԱՐԱ УЗУНДАРА UZUNDARA

Moderato

Հայկ. ժող. պար / Арм. нар. танец / Arm. folk dance

129

ՀԱՅԿԱԿԱՆ ՇՈՒՐՋՊԱՐ
АРМЯНСКИЙ ТАНЕЦ   ARMENIAN DANCE

III

ԲԱԺԻՆ
РАЗДЕЛ
SECTION

ՓՈՔՐԻԿ ՊԻԵՍ
МАЛЕНЬКАЯ ПЬЕСА   LITTLE PIECE

Allegro moderato

Գ. Մինասյան / Г. Минасян / G. Minasyan

ԼՈՒՍՆՅԱԿ ԳԻՇԵՐ ЛУСНЯК ГИШЕР LUSNYAK GISHER

(Հայկ. ժող երգ) (Арм. нар. песня) (Arm. folk song)

Մշակ՝ Թ. Ալթունյանի / Обр. Т. Алтуняна / Adapt. T. Altunyan

Andante

ԵՍ ԼՍԵՑԻ ՄԻ ԱՆՈՒՇ ՁԱՅՆ
ЕС ЛСЕЦИ МИ АНУШ ДЗАЙН YES LSECI MI ANUSH DZAIN

Հայկ. ժող. երգ / Арм. нар. песня / Arm. folk song

Andante

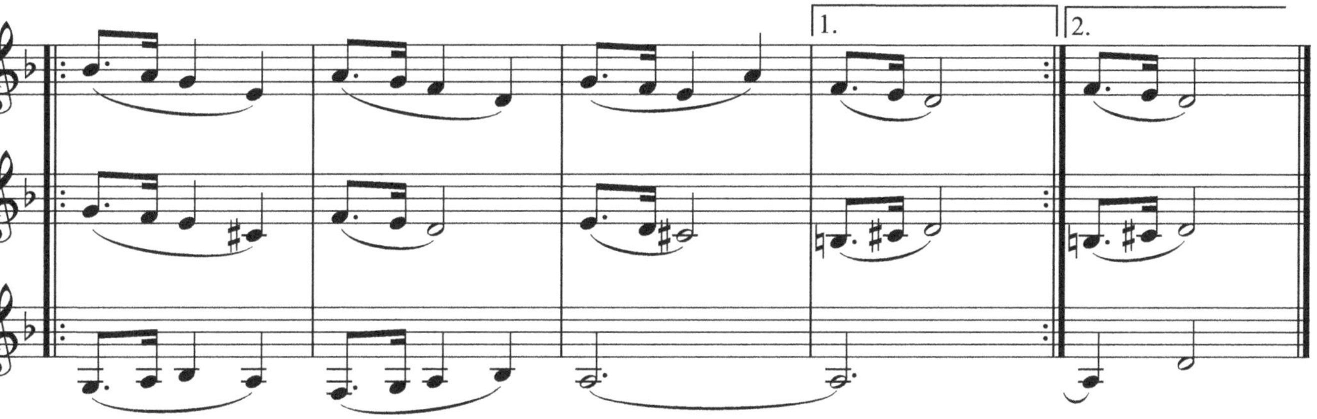

ԿՈՒԺՆ ԱՌԱ КУЖН АРА KUZHN ARA

Naturale

Կոմիտաս / Комитас / Komitas

ԱԼԱԳՅԱԶ АЛАГЯЗ ALAGYAZ

Moderato

Կոմիտաս / Комитас / Komitas

ԹՈՂ ԲԼԲՈՒԼ ՉԵՐԳԵ
ТОХ БЛБУЛ ЧЕРГЕ TOGH BLBUL CHERGE

Andante maestoso

Կոմիտաս / Комитас / Komitas

ԽՈՐՀՈՒՐԴ ԽՈՐԻՆ
ХОРУРД ХОРИН   KHORHURD KHORIN

Խաչատուր Տարոնեցի (XII-XIII դ.) մշակ.՝ Կոմիտաս
Хачатур Таронеци (XII-XIII в.) обр. Комитас
Khachatur Taronetsi (XII-XIII c.) adapt. Komitas

in D
in D
in A

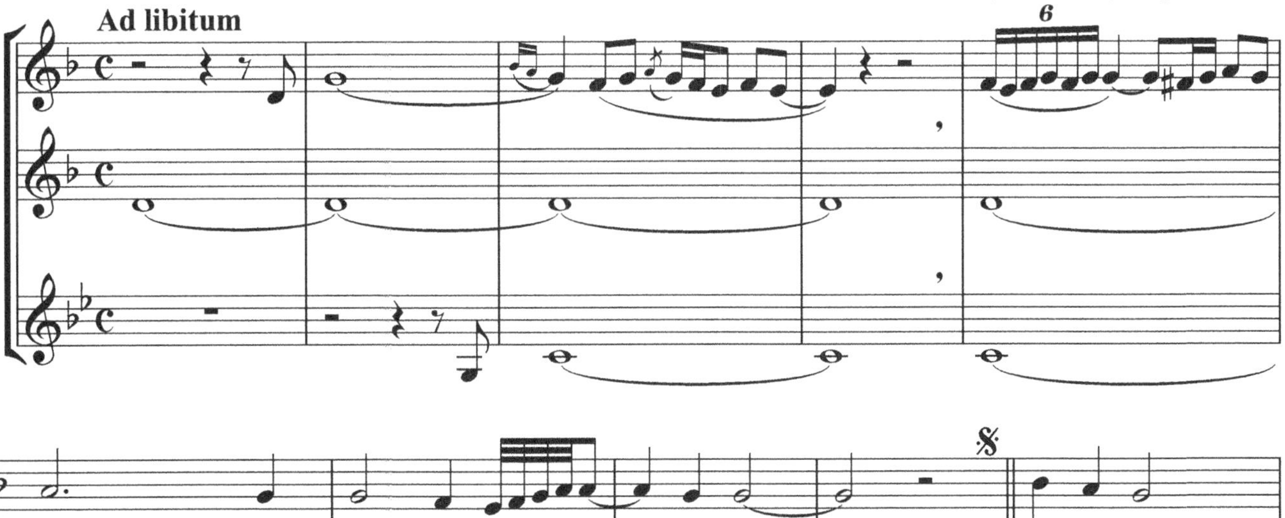

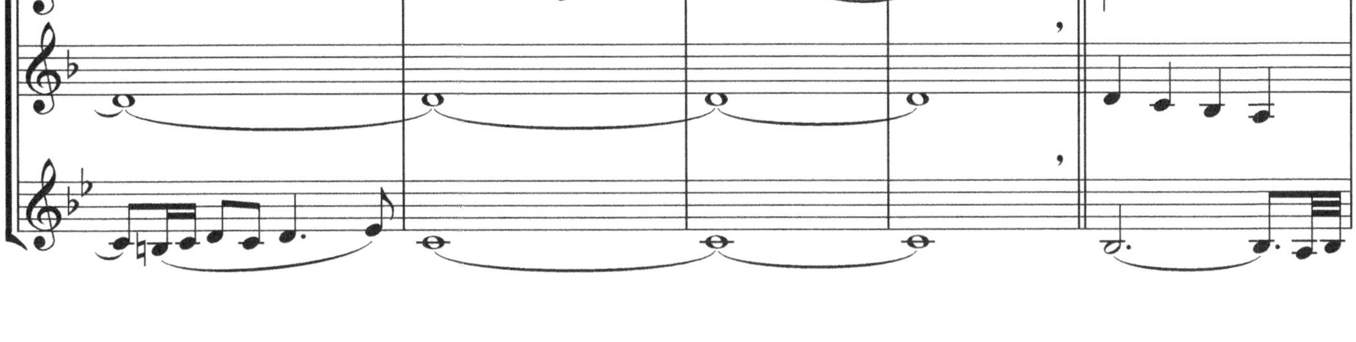

6
Fine
5

ՔԱՆԻ ՎՈՒՐ ՋԱՆ ԻՄ
КАНИ ВУР ДЖАН ИМ   QANI VUR JAN IM

Սայաթ-Նովա, մշակ՝ Ռ. Ալթունյանի
Саят-Нова, обр. Р. Алтуняна
Sayat-Nova, adapt. R. Altunyan

p
p
p

rit.
a tempo

ԴՈՒՆ ԷՆ ԳԼԽԵՆ   ДУН ЭН ГЛХЕН   DUN EN GLKHEN

Սայաթ-Նովա / Саят-Нова / Sayat-Nova

5
5
5

ՍՈՒՐԲ, ՍՈՒՐԲ
СУРБ, СУРБ SOURB, SOURB

Մ. Եկմալյան / М. Екмалян / M. Yekmalyan

ՄԱՅՐ ԱՐԱՔՍԻ ԱՓԵՐՈՎ
СЛЕЗЫ АРАКСА   TEARS OF THE ARAKS

Պ.Աֆրիկյան / П. Африкян / P. Afrikyan

Largo

ՀԱՏՎԱԾ ՊԱՏԱՐԱԳԻՑ
ОТРЫВОК ИЗ ЛИТУРГИИ   EXTRACT FROM LITURGY

Մ. Եկմալյան / М. Екмалян / M. Yekmalyan

Lento

mp
p

ԷՍ ԳԻՇԵՐ, ԼՈՒՍՆՅԱԿ ԳԻՇԵՐ
ЭС ГИШЕР, ЛУСНЯК ГИШЕР   ES GISHER, LUSNYAK GISHER

Կոմիտաս / Комитас / Komitas

1.
2.

ԱԿՆԱ ԿՌՈՒՆԿ   АКНА КРУНК   AKNA KRUNK

Մ.Թումաճյան, մշակ.՝ Գր. Սանդալջյանի
М.Тумаджян, обр. Гр. Сандалджяна
M. Tumachian, adapt. Gr. Sandaljian

ԶԱՐՄԱՆԱԼԻ Է ԻՆՁ
ЗАРМАНАЛИ Э ИНДЗ   ZARMANALI E INDZ

Խոսրովիդուխտ (VIII դ.), մշակ.՝ Գր. Սանդալջյանի
Хосровидухт (VIII в.), обр. Гр. Сандалджяна
Khosrovidukht (VIII c.), adapt. Gr. Sandaljian

poco accelerando
mf
mf
mf
mf
mf
mf
mf

mp
mp
mp
mp
p
p
p
p
f
f
f
f

rit.

IV

ԲԱԺԻՆ
РАЗДЕЛ
SECTION

ՌԱՍՏ* РАСТ* RAST*

Ad libitum

Բարդաշտ: Бардашт. Bardasht.

* Այս և հաջորդ մուղամների կատարումները կարելի է լսել գրքի կայքում www.minasovduduk.com հասցեով:
Исполнения этого и последующих мугамов можно услышать на страничке книги по адресу www.minasovduduk.com.
Performances of this and other mughams can be found on book's website at www.minasovduduk.com.

Ուշագ: Ушаг. Ushag.
Հուսեյնի: Усейни. Huuseynie.

Allegretto

Ad libitum

Վիլայաթի: Вилаяти. Vlayaty.

5
6
5
6
6
6
6
6
3
Դիլքէշ: Диклеш. Dilkesh.
5
8
6
6
5
5
6
5
6
6
6
3
8
5
5
5
5
3
3
5
Շիքյաստայի ֆարս: Шикястаяи фарс. Shikastayi fars.
3
5
6
5
5
5
5
3
6
7
5
7
5
5
7
5

Մուբարիգա: Мубарига. Mubarigha
Իրակ: Ирак. Irak.

Allegretto
mf
tr
tr

ՇՈՒՐ ШУР SHUR

Ad libitum

Շուրի շահնազ: *Шури Шахназ.* *Shuri shahnaz.*

Բայաթի հաջար: Баяти Хаджар. *Bayaty hajar.*

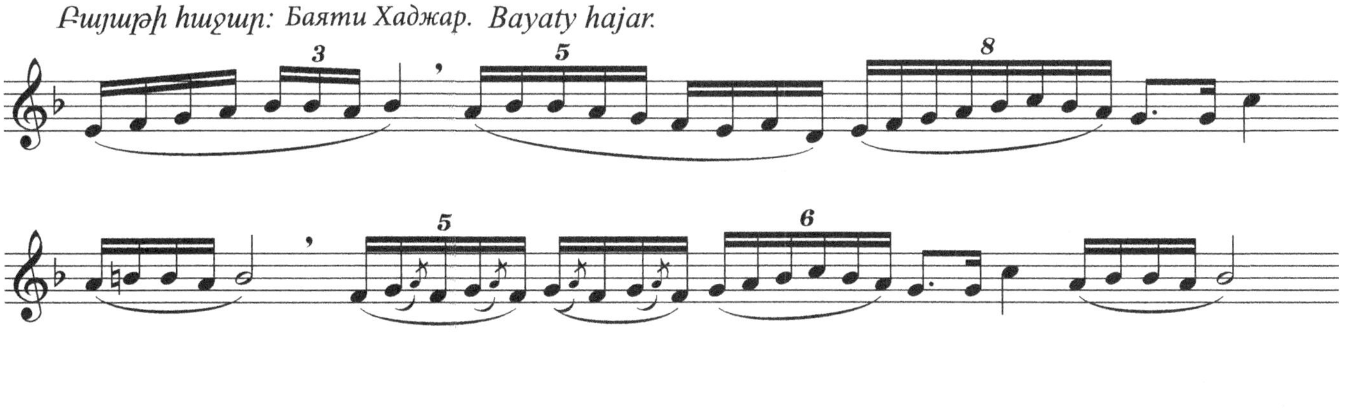

Allegro moderato
mf
tr

ՍԵԳՅԱՀ СЕГЯХ SEGAH

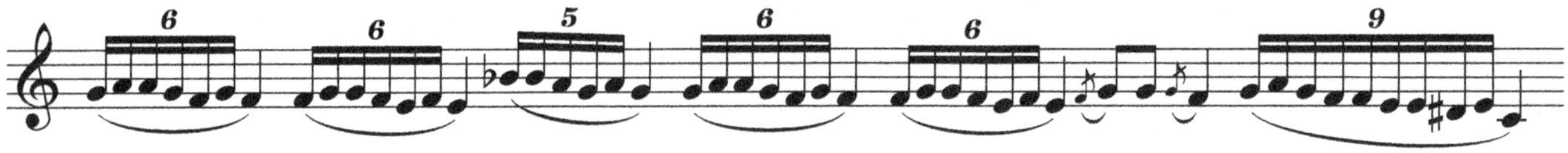

Շիքյաստաի ֆարս: Шикястаи фарс. Shikastayie fars.

Մյուբարրիգյա: Мюбарригя. Mubarrigha.

Allegro moderato
Fine
tr
p
mf

ՉԱՐԳՅԱՀ ЧАРГЯХ CHARGYAH

Ad libitum

accel.
Vivo
rit.
a tempo
acceleramdo
Vivo
rit.
a tempo

gliss.
gliss.
Բյաստե նիգյար: Бясте нигяр. Byaste nighar.

Հասար: Hassar.
Մուխալիֆ:Мухалиф. Mukhalif

Allegretto
tr
ff

ՇՈՒՇՏԱՐ ШУШТАР SHUSHTAR

Allegretto
Fine

ԲԱՅԱԹԻ ՇԻՐԱԶ   БАЯТЫ ШИРАЗ   BAYATY SHIRAZ

Բայաթի իսֆահան: Баяти исфаан. Bayati isfahan.

* Ավելի մեծ ձայնածավալով նվագարանների համար (թառ, քամանչա, քանոն և այլն):
Для инструментов с более широким диапазоном (тар, каманча, канон и т.д.).
For instruments with wider range (tar, kamancha, kanon, etc.).

a tempo
Խավերան: Хаверан. Khaveran.
Հյուզզալ: Юззал. Hyuzzal.

Allegretto

ՀՈՒՄԱՅՈՒՆ ХУМАЮН HUMAYUN

Moderato
tr
1.
2.
f

Ad libitum
Շուշտար Шуштар , : Shushtar.
Թարքիբ: Таркиб. Tarkib.
Հյուզզալ: Hyuzzal.

Մեսնևի: Месневи. Mesnevi.
Andante

ԵՐԱԺՇՏԱԿԱՆ ՈՐՈՇ ՀԱՍԿԱՑՈՒԹՅՈՒՆՆԵՐ
НЕКОТОРЫЕ МУЗЫКАЛЬНЫЕ ПОНЯТИЯ
SOME MUSICAL TERMS

Crescendo

Հնչողության ուժգնության աստիճանական բարձրացումը նշանակվում է crescendo բառով (կրեշենդո, կրճատ ***cresc.***) կամ տվյալ նշանով:

Постепенное увеличение силы звучания обозначается словом crescendo (сокращенно ***cresc.***; произношение - крещендо) или этим знаком.

Crescendo is a sign of gradual strengthening of the sound.

Diminuendo

Հնչողության աստիճանական նվազումը նշանակվում է decrescendo (դեկրեշենդո, կրճատ՝ ***decresc.***) կամ Diminuendo (դիմինուէնդո, կրճատ՝ ***dim.***) բառերով կամ տվյալ նշանով:

Постепенное уменьшение силы звучания обозначается словами diminuendo (сокращенно ***dim.***; произношение - диминуэндо) и decrescendo (сокращенно *decresc.*; произношение - декрещендо), а также этим знаком.

Diminuendo is a sign of gradual weakening of the sound.

Volta

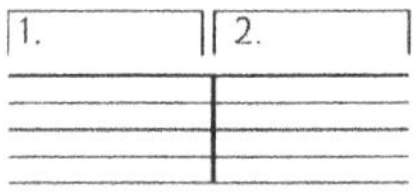

ՎՈԼՏԱ՝ կրկնության նշան է, որն օգտագործվում է, երբ երաժշտական ստեղծագործությունը կամ դրա մի հատվածը կրկնվում է տարբեր վերջավորություններով: Հատվածը, որը պետք է կրկնվի, առաջին անգամ ավարտվում է 1-ին վոլտայով, իսկ կրկնելիս 1-ին վոլտան բաց է թողնվում և ավարտվում է 2-րդ վոլտայով:

ВОЛЬТА - знак повторения, который употребляется, когда музыкальное произведение или его отрывок повторяется с разными окончаниями. Отрывок, который должен повториться, в первый раз оканчивается первой вольтой, а при повторе первая вольта пропускается и оканчивается второй вольтой.

VOLTA - is a designation in the note-writing above the last bars of any part of the musical piece. It is used in the cases of repeating of this part but with different ending. The first volta designates the final for the first performing, the second one is for repetition.

Accent

ՇԵՇՏԸ որևէ ձայնի կամ ակորդի առանձնացումը, զատումը, ընդգծումն է: Նշանը դրվում է ձայնի կամ ակորդի վերևում կամ ներքևում:

АКЦЕНТ - выделение, подчеркивание отдельного звука или аккорда. В нотном письме акценты проставляются над или под той нотой или аккордом, к которому они относятся.

ACCENT is an apportionment, marking of a separate sound or chord. In note-writing the accent is placed above or under the note or chord to which it concerns.

Tenuto

ՏԵՆՈՒՏՈ (պահպանված, կրճատ՝ ***ten.***) - ճշտորեն պահպանել նոտաների տևողությունները: Նշանը դրվում է նոտաների վերևում կամ ներքևում:

ТЕНУТО (выдержанно, сокращенно ten.) - точно выдержать звуки по длительности. Черточка проставляется над или под нотой, к которой она относится.

TENUTO (firmly) – hold the note in its exact length. The small dash is placed above or under the note to which it relates.

Staccato

ՍՏԱԿԱՏՈ նշանակում է ձայները նվագել անջատելով, կտրտելով: Կետը դրվում է նոտայի վերևում կամ ներքևում:

СТАККАТО - обозначение приема игры отрывистым звуком. Точка проставляется над или под нотой, к которой она относится.

STACCATO is a way of playing a note with an abrupt sound. The dot is placed above or under the note to which it concerns.

Glissando

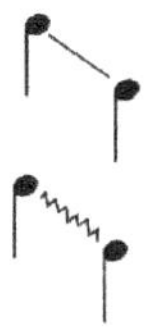

ԳԼԻՍԱՆԴՈ (կրճատ՝ ***gliss.***) — նվագելու հատուկ ձև, մի հնչյունից դեպի մյուս հնչյունը արագ սահող, չընդմիջվող հնչյունագիծ: Նոտագրության մեջ նշվում է հնչյունագծի առաջին և վերջին ձայնը, իսկ միջանկյալ ձայները փոխարինվում են գծիկով կամ ալիքաձև գծով:

ГЛИССАНДО (сокращенно ***gliss.***) — особый прием игры, заключающийся в быстром скольжении от одного звука к другому, причем в нотной записи обычно нотируются лишь начальный и конечный звуки пассажа, промежуточные звуки заменяются чертой или волнистой линией.

GLISSANDO is a special way of performing that consistsing of fast gliding from one sound to another. Only the initial and the final sounds of the passage are written. The intermediate sounds are changed by a line or wavy line.

Grace Note

ՖՈՐՇԼԱԳԸ մեղեդու որևէ հիմնական հնչյունին նախորդող օժանդակ հնչյունն է: Լինում է 2 տեսակ՝ կարճ և երկար: Կարճ ֆորշլագը կատարվում է շատ կարճ և վրայից գծված է: Երկարը՝ հիմնական հնչյունի տևողության հաշվին, նրա կեսի չափ:

ФОРШЛАГ - украшающий вспомогательнный звук или группа звуков перед основным, украшаемым звуком. Обозначается мелкими нотами и не принимается в расчет при ритмичности группировке нот в такте. Разлагают короткий и долгий форшлаг. Короткий пишется обычно в виде восьмой с перечеркнутым вкось штилем. Долгий форшлаг пишется мелкой нотой с неперечеркнутым штилем и исполняется за счет времени основного звука.

GRACE NOTE is a kind of melismas (melodic ornamentations) to ornament the auxiliary sound, or a group of sounds before the main ornamented sound. It is designated by small notes and is not taken into consideration in the rhythmic grouping of the notes in the bar. There are short and long grace notes. The short one is usually written as an eighth-note with the crossed out obliquely stick. The long grace note is written as a small note but with the none-crossed out stick and is performed at the expense of the main sound's time.

Mordent

ՄՈՐԴԵՆՏ է անվանվում մեղեդու որևէ հիմնական հնչյունի, դրա վերևի կամ ներքևի օժանդակ հնչյունի և ապա նորից նույն հիմնական հնչյունի արագ հաջորդականությունը: Մորդենտը գրի է առնվում տրված նշանով, որը լինում է նաև վրայից գծված:

Սովորական մորդենտ անվանում են երեք հնչյուններից՝ հիմնական հնչյունի, դրանից կես կամ մի տոն ներքևի օժանդակ հնչյունի և ապա նորից նույն հիմնական հնչյունի արագ հաջորդականությունը:

Գծված մորդենտը կատարելիս հիմնական հնչյունից հետո վերցնում են ներքևի օժանդակ հնչյունը:

Կրկնակի մորդենտը ցույց է տալիս հիմնական հնչյունի և համապատասխան օժանդակ հնչյունի կրկնակի հաջորդականություն:

Ինչպես մորդենտը, կրկնակի մորդենտը նույնպես լինում է ***գծված*** և ***չգծված***:

МОРДЕНТ — мелодическое украшение, заключающееся в быстром чередовании основного звука со смежным с ним по высоте верхним или нижним вспомогательным.

Простой мордент состоит из трех звуков: основного мелодического звука, отстоящего от него на тон или полутон верхнего вспомогательного и повторяющегося основного.

Перечеркнутый мордент также состоит из трех звуков, первый и последний из которых являются основными, но между ними лежит не верхний, а нижний вспомогательный.

Двойной мордент состоит из пяти звуков: двухкратного чередования основного и верхнего вспомогательного звука с остановкой на основном.

Двойной перечеркнутый мордент по строению схожей с неперечеркнутым, но вспомогательный в нем берется нижний.

MORDENT - is a melodic ornamentation consisting in fast interchange of the main sound with the next to it upper or lower auxiliary sound.

Ordinary mordent consists of 3 sounds: the main melodic sound, the upper auxiliary sound, which is a tone or semitone next to the main sound, and the repeating main sound again.

Crossed out mordent also consist of 3 sounds, the first and the last of which is the main one but between them there is the lower sound instead of the upper one.

Double mordent consists of 5 sounds: that is twice interchange of the main and upper auxiliary sounds with the stop at the main one.

Double crossed out mordent is like the double mordent by structure but the auxiliary sound in it is lower.

Shake

tr

ՏՐԵԼ (կրճատ՝ *tr.*) անվանվում է մեղեդու որևէ հիմնական հնչյունի և դրանից մեկ աստիճան վերև գտնվող օժանդակ հնչյունի արագ և համաչափ կրկնությունը:

ТРЕЛЬ (сокращенно tr.) - мелодическое украшение, состоящее из двух быстро чередующихся звуков, основного и верхнего вспомогательного, находящегося на расстоянии тона или полутона от основного звука. Продолжительность трели равна длительности основного звука.

SHAKE is a melodic ornamentation consisting of two quickly interchanging sounds, the main and the upper auxiliary one, which are in the distance at a tone or semitone from the main sound. The duration of the shake is equal to the duration of the main sound.

ԵՐԱԺՇՏԱԿԱՆ ՏԵՐՄԻՆՆԵՐ

ԴԻՆԱՄԻԿԱՅԻ ԿԱՄ ՈՒԺԳՆՈՒԹՅԱՆ ՆՇԱՆՆԵՐ

Իտալերեն տերմիններ	**Կրճատ նշվում է**	**Կարդացվում է**	**Նշանակում է**
piano-pianissimo	***ppp***	պիանո-պիանիսիմո	չափազանց մեղմ
pianissimo	***pp***	պիանիսիմո	շատ մեղմ
piano	***p***	պիանո	մեղմ
mezzo-piano	***p***	մեցո-պիանո	կես մեղմ
mezzo-forte	***mf***	մեցո-ֆորտե	կես ուժգին
forte	***f***	ֆորտե	ուժգին
fortissimo	***ff***	ֆորտիսիմո	շատ ուժգին
forte-fortissimo	***fff***	ֆորտե-ֆորտիսիմո	չափազանց ուժգին

Դինամիկայի նշանների հետ հաճախ գործածվում են *piu* (պյու՝ ավելի) և *meno* (մենո՝ պակաս) բառերը:

ՏԵՄՊԸ ԵՎ ՆՐԱ ՆՇՈՒՄԸ

Երաժշտական ստեղծագործության կատարման արագությունը անվանում են տեմպ: Տեմպը նշում են մեծ մասամբ իտալերեն բառերով: Լինում են դանդաղ, չափավոր և արագ տեմպեր:

ԴԱՆԴԱՂ ՏԵՄՊԵՐ

Գրվում է	**Կարդացվում է**	**Նշանակում է**
Largo	լարգո	շատ դանդաղ, լայն
Largetto	լարգետո	Largo-ից մի փոքր արագ
Lento	լենտո	դանդաղ, ձգված
Adagio	ադաջիո	դանդաղ
Grave	գրավե	ծանր

ԱՐԱԳ ՏԵՄՊԵՐ

Գրվում է	**Կարդացվում է**	**Նշանակում է**
Allegro	ալեգրո	արագ, աշխույժ
Vivace	վիվաչե	աշխույժ
Vivo	վիվո	աշխույժ
Presto	պրեստո	շատ արագ
Prestissimo	պրեստիսիմո	չափազանց արագ

ՉԱՓԱՎՈՐ ՏԵՄՊԵՐ

Գրվում է	**Կարդացվում է**	**Նշանակում է**
Andante	անդանտե	հանդարտ
Andantino	անդանտինո	Andante-ից մի փոքր արագ
Moderato	մոդերատո	չափավոր
Sustenuto	սոստենուտո	զուսպ
Allegretto	ալեգրետո	բավական աշխույժ

ՏԵՄՊԻ ՆՇԱՆԱԿՄԱՆ ԱՅԼ ՏԵՐՄԻՆՆԵՐ

Գրվում է	**Կարդացվում է**	**Նշանակում է**
Accelerando (acc.)	աչելերանդո	տեմպի աստիճանաբար արագացում
Ritardando (ritard.)	ռիտարդանդո	տեմպի աստիճանաբար դանդաղեցում
Ritenuto (rit.)	ռիտենուտո	տեմպի աստիճանաբար դանդաղեցում
a tempo	ա տեմպո	նախկին տեմպ
non troppo	նոն տրոպպո	ոչ այնքան
poco a poco	պոկո ա պոկո	փոքր առ փոքր, աստիճանաբար

ԵՐԱԺՇՏԱԿԱՆ ՍՏԵՂԾԱԳՈՐԾՈՒԹՅԱՆ ԸՆԴՀԱՆՈՒՐ ԲՆՈՒՅԹԸ ՑՈՒՅՑ ՏՎՈՂ ՆՇՈՒՄՆԵՐ

Գրվում է	**Կարդացվում է**	**Նշանակում է**
Animato	անիմատո	աշխույժ, ոգևորված
Appassionato	ապասիոնատո	կրքոտ, խանդավառ
Brillante	բրիլիանտե	փայլուն
Cantabile	կանտաբիլե	երգեցիկ
Dolce	դոլչե	քնքուշ, մեղմ
Energico	էներջիկո	եռանդուն
Eroico	էրոիկո	հերոսական
Espressivo	էսպրեսսիվո	արտահայտիչ, ազդու
Feroce	ֆերոչե	խռովահույզ, մոլեգին
Grazioso	գրացիոզո	նազելի, նրբագեղ
Leggiero	լեջջերո	թեթև
Maestoso	մաեստոզո	վեհ, հանդիսավոր
Mesto	մեստո	տխուր
Morendo	մորենդո	նվաղելով
Patetico	պատետիկո	խոր հուզմունքով
Pesante	պեզանտե	ծանր, ծանրակշիռ
Scherzando	սկերցանդո	ժիր, կայտառ, կատակային

ԱՅԼ ՏԵՐՄԻՆՆԵՐ

Գրվում է	Կարդացվում է	Նշանակում է
Ad libitum	ադ լիբիտում	ըստ ցանկության
Agitato	աջիտատո	հուզված
Allargando	ալլարգանդո	դանդաղեցնելով
Al segno	ալ սենյո	մինչև նշանը
Amabile	ամաբիլե	սիրալիր
Amoroso	ամորոզո	սիրով
Assai	ասսայի	շատ
Brio, con brio	բրիո, կոն բրիո	կրակոտ, ոգևորությամբ
Calando	կալանդո	նվազեցնելով արագությունը
Cantilena	կանտիլենա	երգային մեղեդի
Capriccioso	կապրիչչոզո	քմահաճ, կամակորությամբ
Coda	կոդա	կոդա, վերջավորություն
Con anima	կոն անիմա	ոգևորությամբ
Comodo	կոմոդո	հանգիստ
Elegante	էլեգանտե	նրբագեղ
Espansivo	էսպանսիվո	սրտագեղ, սրտաբուխ
Espirando	էսպիրանդո	նվաղելով
Fine	ֆինե	վերջ
Giocoso	ջոկոզո	աշխուժորեն, ուրախալի
Gioviale	ջովիալե	աշխույժ, ուրախ
Lacrimoso	լակրիմոզո	արտասվալի, լացակումած
Libero	լիբերո	ազատ
Lieto	լիետո	ուրախ, զվարթ
Marcato	մարկատո	շեշտված
Marcia	մարչիա	քայլերգ
Marciale	մարչիալե	ռազմաշունչ
Mobile	մոբիլե	շարժուն, թեթև
Molto	մոլտո	շատ, շատ ավելի
Mosso	մոսսո	աշխուժացած, շարժուն
Moto, con moto	մոտո, կոն մոտո	շարժում, շարժումով
Naturale	նատուրալե	բնական
Nobile	նոբիլե	ազնվաբարո, վեհ
Pastorale	պաստորալե	հովվերգական
Poco	պոկո	քիչ
Poco a poco	պոկո ա պոկո	հետզհետե
Rubato	ռուբատո	ազատ տեմպ
Segno	սենյո	նշան
Sforzando	սֆորցանդո	առանձին հնչյունի կամ ակորդի հանկարծակի ուժեղացում
Simile	սիմիլե	նույն ձևով
Smorzando	սմորցանդո	նվազեցնելով, մարելով
Sotto voce	սոտտո վոչե	կիսաձայն
Spirituoso, con spirito	սպիրիտուոզո, կոն սպիրիտո	ոգևորությամբ
Tutti	տուտտի	բոլորը միասին
Valse	վալս	վալս
Vibrando, vibrato	վիբրանդո, վիբրատո	թրթռացնելով

МУЗЫКАЛЬНЫЕ ТЕРМИНЫ
MUSICAL TERMS

ДИНАМИЧЕСКИЕ ОТТЕНКИ DYNAMIC NUANCES

Термины / Terms	**Сокращенно**	**Значение**	**Meaning**
piano-pianissimo	***ppp***	чрезвычайно тихо	very very soft
pianissimo	***pp***	очень тихо	very soft
piano	***p***	тихо	soft
mezzo-piano	***mp***	не очень	half soft
mezzo-forte	***mf***	не очень	half loud
forte	***f***	громко	loud
fortissimo	***ff***	очень громко	very loud
forte-fortissimo	***fff***	чрезвычайно громко	very very loud

Иногда к динамическим оттенкам присоединяются слова *piu* (пью - более) и *meno* (меню - менее). Sometimes dynamic nuances are used the words *piu* (more) and *meno* (less).

ТЕМПОВЫЕ ОБОЗНАЧЕНИЯ TEMPO DESIGNATIONS

Скорость исполнения музыкального произведения называется темпом. В основном темпы обозначаются итальянскими словами. Темпы бывают медленные, умеренные и быстрые.

The speed of the musical work's performance is called tempo. Generally the tempos are denoted with Italian words. The tempos may be slow, moderate and quick.

МЕДЛЕННЫЕ ТЕМПЫ
SLOW TEMPO

Термины / Terms	**Значение**	**Meaning**
Largo	очень медленно, широко	broadly
Largetto	быстрее чем Largo	rather broadly
Lento	медленно, протяжно	lowly
Adagio	медленно	slowly and stately
Grave	тяжело	very slow

УМЕРЕННЫЕ ТЕМПЫ
MODERATE TEMPO

Термины Terms	**Значение**	**Meaning**
Andante	обыкновенным шагом	at a walking pace
Andantino	быстрее, чем Andante	slightly faster than Andante
Moderato	умеренно	moderately
Sostenuto	сдержанно	with restraint
Allegretto	довольно оживленно	rather brightly

БЫСТРЫЕ ТЕМПЫ
QUICK TEMPO

Термины Terms	Значение	Meaning
Allegro	скоро	vividly
Vivace	живо	quickly
Vivo	оживленно	brightly
Presto	очень быстро	very quickly
Prestissimo	быстро	extremely quickly

ДРУГИЕ ОБОЗНАЧЕНИЯ ТЕМПА
OTHER TEMPO DESIGNATIONS

Термины Terms	Значение	Meaning
Accelerando (acc.)	ускоряя	accelerating
Ritardando (ritard.)	замедляя	retarding
Ritenuto (rit.)	сдержанно	with restraint
a tempo non	в прежнем темпе	in a former tempo
troppo poco	не очень	not very
a poco	постепенно	gradually

ОБОЗНАЧЕНИЯ ХАРАКТЕРА ИСПОЛНЕНИЯ МУЗЫКАЛЬНОГО ПРОИЗВЕДЕНИЯ
DESIGNATION OF CHARACTER OF MUSIC PERFORMANCE

Термины Terms	Значение	Meaning
Animato	воодушевленно	enthusiastically
Appassionato	страстно	with passion
Brillante	блестяще	brilliantly
Cantabile	певуче	melodiously
Dolce	нежно	tenderly
Energico	энергично	energetically
Eroico	героически	heroically
Espressivo	выразительно	eexpressively
Feroce	дико,свирепо	wild, savage
Grazioso	грациозно	gracefully
Leggiero	легко	easily
Maestoso	торжественно, величаво	majestically
Mesto	печально,грустно	sadly
Morendo	замирая	dying away
Patetico	страстно	passionately
Pesante	тяжело	hard
Scherzando	шутливо	wittily

ДРУГИЕ ТЕРМИНЫ
OTHER TERMS

Գրվում է	Значение	Meaning
Ad libitum	по желанию	at your wish
Agitato	взволнованно	with agitation
Allargando	замедляя	slowing down
Al segno	до знака	till the sign
Amabile	приятно	pleasantly
Amoroso	любовно	amorously
Assai	очень	very much
Brio, con brio	возбужденно	excitedly
Calando	уменьшая силу и скорость	decreasing strength and speed
Cantilena	певучая мелодия	melodious tune
Capriccioso	капризно	capriciously
Coda	заключительная часть	final part
Con anima	с душой, с чувством	soul, heartily
Comodo	свободно, не спеша	freely, not hurrying
Elegante	изящно, изысканно	elegantly, delicately
Espansivo	бурно	stormily
Espirando	замирая	dying away
Fine	конец	end
Giocoso	шутливо, игриво	wittily, playfully
Gioviale	бодро, весело	cheerfully, joyfully
Lacrimoso	слезливо	tearfully
Libero	свободно	freely
Lieto	весело	merrily
Marcato	подчеркивая, выделяя	marking out
Marcia	марш	march
Marciale	маршеобразно	marchingly
Mobile	подвижно	mobile
Molto	много, очень	much, very much
Mosso	оживленно	lively
Moto, con moto	движение, с движением	movement
Naturale	естественно	naturally
Nobile	благородно	nably
Pastorale	пастушески	as a shepherd
Poco	мало	little
Poco a poco	постепенно	gradually
Rubato	свободный темп	free tempo
Segno	знак	sign
Sforzando	внезапное усиление звука или аккорда	sudden increase of the sound or chord
Simile	похожий	resembling, alike
Smorzando	замирая	Dying down
Sotto voce	вполголоса	in an undertone
Spirituoso	воодушевленно	enthusiastically
Con spirito	с воодушевлением	with inspiration
Tutti	все вместе	all together
Valse	вальс	waltz
Vibrando, vibrato	вибрируя	vibrating

ԲՈՎԱՆԴԱԿՈՒԹՅՈՒՆ

ԱՌԱՋԱԲԱՆ 1
ՀԱՄԱՌՈՏ ՏԵՂԵԿՈՒԹՅՈՒՆՆԵՐ ԴՈՒԴՈՒԿԻ ՄԱՍԻՆ....................7
ՄԵԹՈԴԱԿԱՆ ՑՈՒՑՈՒՄՆԵՐ 7
ԿԵՑՎԱԾՔԸ ԴՈՒԴՈՒԿ ՆՎԱԳԵԼՈՒ ԺԱՄԱՆԱԿ 8
ՇՆՉԱՌՈՒԹՅՈՒՆ..8
ԻՆՉՊԵՍ ԱՆՑԿԱՑՆԵԼ ԱՌԱՋԻՆ ԴԱՍԵՐԸ...................................9
ՀՆՉՅՈՒՆՆԵՐԻ ՆՈՏԱԳՐՈՒԹՅՈՒՆԸ 9
ՏԵՎՈՂՈՒԹՅՈՒՆԸ 10
ԱԼՏԵՐԱՑԻԱՅԻ ՆՇԱՆՆԵՐ 11
ԴՈՒԴՈՒԿԻ ԱՊԼԻԿԱՏՈՒՐԱՅԻ ԱՂՅՈՒՍԱԿ.................................12
ԴՈՒԴՈՒԿԻ ՏԵՍԱԿՆԵՐԸ...13
ՀԵՂԻՆԱԿԻ ԿՈՂՄԻՑ 23

ԱՌԱՋԻՆ ԲԱԺԻՆ 25
ՆԱԽՆԱԿԱՆ ՎԱՐԺՈՒԹՅՈՒՆՆԵՐ..25
Վարժություն 1-6...25
Վարժություն 7-10...26
ՎԱՐԺՈՒԹՅՈՒՆՆԵՐ ՔԱՌՈՐԴ ՆՈՏԱՆԵՐՈՎ 27
Վարժություն 11-13...27
Վարժություն 14-16...28
17. ՀՈՅ ՆԱՐ Հայկական ժողովրդական երգ.....................................28
Վարժություն 18-19...29
20. ՀՈՅ ԻՄ ՆԱԶԱՆԻ ՅԱՐԸ (հատված) Հայկ. ժող. երգ.......................29
21. ԷՏՅՈՒԴ...29
ՎԱՐԺՈՒԹՅՈՒՆՆԵՐ ԼԵԳԱՏՈ ԿԱՏԱՐՄԱՄԲ 30
Վարժություն 22-24...30
Վարժություն 25-28...31
ԿԵՍ ՆՈՏԱ ԿԵՏՈՎ...32
Վարժություն 29-31...32
ԴՈ ՄԱԺՈՐ ԳԱՄՄԱ 33
Վարժություն 32-33...33
Վարժություն 34-36...34
35. ԷՏՅՈՒԴ...34
36. ԷՏՅՈՒԴ...35
37. ԷՏՅՈՒԴ...35
ՎԱՐԺՈՒԹՅՈՒՆՆԵՐ ՈՒԹԵՐՈՐԴԱԿԱՆՆԵՐՈՎ 36
Վարժություն 38, 39..36
40. ԷՏՅՈՒԴ...36
41. ԼՈՐԻԿ Ռ.Մելիքյան...37
42. ԳԱՐՆԱՆԱՅԻՆ (հատված) Խ.Ավետիսյան.......................................37
ՔԱՌՈՐԴ ՆՈՏԱՆ ԿԵՏՈՎ..38
Վարժություն 43 38
44. ՇՈՐՈՐԱ ՍԱԼԱԹ Կոմիտաս 38
45. ՕՐՈՐՈՑԱՅԻՆ Գ.Արմենյան 39
46. ՀՈՅ ՆԱԶԱՆ Հայկ. ժող. երգ, մշակ՝ Թ.Ալթունյանի.........................39
47. ԱՆԴԱՆՏԻՆՈ Ա.Խաչատրյան..39
48. ԷՏՅՈՒԴ...40
49. ԼՈՒՍԱՏՏԻԿ Վրաց. ժող. երգ..40
ՏԱՍՆՎԵՑԵՐՈՐԴԱԿԱՆ ՆՈՏԱՆԵՐ 41

Վարժություն 50, 51 41
52. ԿԱՔԱՎԻԿ Կոմիտաս 41
Վարժություն 53 42
54. ԷՏՅՈՒԴ 42
55. ԵՐԵՎԱՆԻ ԳԻՇԵՐՆԵՐԸ Ա. Դոլուխանյան 43
56. ՓԻՆՋԱՆ Հայկ. ժող. երգ 43
57. ԲՈԲԻԿ ՋՈՒՐ ՄԻ ԷՐԱ Հայկ. ժող. երգ 43
58. ԷՏՅՈՒԴ 44
59. ԷՏՅՈՒԴ 44
60. ԿԵՆԱՑ ԵՐԳ Հայկ. ժող. երգ, մշակ՝ Թ. Ալթունյանի 44
61. ԴԱՐՁԻ ՄԵԿ ԱՇԵ Գուսան Շերամ 45
62. ԵՐԵՄ ՋԱՆ Հայկ. ժող. երգ, մշակ՝ Թ. Ալթունյանի 45
63. ՊԻԵՍ Մ. Բարխուդարյան 46
64. ՏԱԼՎՈՐԻԿԻ ԿՏՐԻՃ Հայկ. ժող. երգ 46
ՍԻ ԲԵՄՈԼ ՄԱԺՈՐ ԳԱՄՄԱ 47
Վարժություն 65 47
Վարժություն 66 48
67. ԷՏՅՈՒԴ 48
68. ՍՈՒՐԲ, ՍՈՒՐԲ Մ. Եկմալյան 48
69. ԻՄ ՀԱՅԱՍՏԱՆ Գուսան Հավասի 49
70. ՂԱՐԱԲԱՂԻ ՔԱՅԼԵՐԳ Գ. Մանասյան 49
71. ԷՏՅՈՒԴ 50
ՍՈԼ ՄԻՆՈՐ ԳԱՄՄԱ 51
Վարժություն 72 52
73. ԻՆՁ ՄԻ ԽՆԴՐԻՐ Ա.Մայիլյան 52
74. ՀԻՆԳԱԼԱ Հայկ. ժող. երգ, մշակ.՝ Թ.Ալթունյանի 53
75. ԷՏՅՈՒԴ Խ.Ավետիսյան 53
76. ԵՍ ՍԻՐԵՑԻ Հայկ. ժող. երգ, մշակ.՝ Թ. Ալթունյանի 54
77. ՍԿԵՐՑՈ Խ.Ավետիսյան 54
78. ԷՏՅՈՒԴ 56
79. ՎՈԿԱԼԻԶ Մ. Մազմանյան 56
ՍՈԼ ՄԱԺՈՐ ԳԱՄՄԱ 57
Վարժություն 80 57
Վարժություն 81 58
82. ԷՏՅՈՒԴ 58
83. ԷՏՅՈՒԴ 59
84. ՋԱՂԱՑԻ ԲՈԼՈՐ ԿԱՆԱՉ Հայկ. ժող. երգ, մշակ.՝ Թ.Ալթունյանի 59
85. ԷՏՅՈՒԴ 60
86. ԷՏՅՈՒԴ 60
87. ՄԱՐԳԱԳԵՏՆՈՒՄ Ս. Բարխադարյան 61
88. ԳԵՂՋԿԱԿԱՆ ՊԱՐ Վ. Ա. Մոցարտ 61
89. ԷՏՅՈՒԴ 62
ՏՐԻՈԼ 63
Վարժություն 90, 91 63
Վարժություն 92, 93 64
94. ՀՅՈՒՍԻՍԱՅԻՆ ԱՍՏՂ Մ.Գլինկա 65
95. ԼԻՐԻԿԱԿԱՆ Հայկ. ժող. երգ, մշակ.՝ Ալթունյանի 65
6/8 ՉԱՓ 66
Վարժություն 96 66
97. ԷՏՅՈՒԴ 66
98. ՊԱՐ Գ.Մինասյան 67
99. ԷՆՁԵԼԻ (հատված) Ա. Սպենդիարյան 68
100. ՀԱՄԲԱՐՁՈՒՄ ՑԱՅԼԱ («Անուշ» օպերայից) Ա.Տիգրանյան 68
101. ՀԻՆ ԱՄՐՈՑ («Պատկերներ ցուցահանդեսից» N 2) Մ.Մուսորգսկի 69
102. ՀՈՎԵՐՆ ԸՆԿԱՆ Հայկ. ժող. երգ 70

103. ԿԻԼԻԿԻԱ Գ. Երանեան ...71
ՌԵ ՄԻՆՈՐ ԳԱՄՄԱ ...72
104. ՆՈՒԲԱՐ-ՆՈՒԲԱՐ Հայկ. ժող. երգ, մշակ.՝ Թ. Ալթունյանի...72
105. ՀԻՋԱՍ Ա.Սպենդիարյան...73
106. ՄԱՐԱԼԻԿ Հայկ. ժող. պար...74
107. ԷՏՅՈՒԴ ...74
ՍԻՆԿՈՊԱ...75
Վարժություն 108 - 111...75
112. ԼԵՊՀՈ ԼԵ, ԼԵ Հայկ. ժող. երգ, մշակ.՝ Կարա-Միրզայի ...76
113. ՀՈՎԻՎ Չեխական ժող. երգ ...76
114. ՎԱԼՍ («Քնած գեղեցկուհի» բալետից) Պ.Չայկովսկի ...77
115. ԱՊԱՐԱՆԸ ՔԱՐՈՏ Է Հայկ. ժող. երգ ...77
ՍԻ ԲԵՄՈԼ ՄԱԺՈՐ ԳԱՄՄԱ...78
116. ՏՂԱՄԱՐԴԿԱՆՑ ՊԱՐԸ («Ալմաստ» օպերայից) Ա. Սպենդիարյան...78
117. ԷՏՅՈՒԴ ...79
ԴՈ ՄԻՆՈՐ ԳԱՄՄԱ...80
118. ԵՐԳ Գ.Չթչյան ...80
119. ՀԱՐՍ ԵՄ ԳՆՈՒՄ Հայկ. ժող. երգ, մշակ.՝ Թ. Ալթունյանի...81
120. ԵՐԳ Ա. Սպենդիարյան ...81
121. ՍԱՐԵՐԻ ՀՈՎԻՆ ՄԵՌՆԵՄ Հ. Բադալյան, մշակ.՝ Թ. Ալթունյանի...82
122. ԷՏՅՈՒԴ ...83
ՄԵԼԻԶՄՆԵՐ ...84
Ի ՆՆՋՄԱՆԵԴ ԱՐՔԱՅԱԿԱՆ Բաղդասար Դպիր, մշակ.՝ Թ. Ալթունյանի...85
ՌԵ ՄԱԺՈՐ ԳԱՄՄԱ ...86
124. ԷՏՅՈՒԴ Կ. Չեռնի ...86
125. ԼԱԽՏԻ Հայկ. ժող. երգ, մշակ.՝ Թ. Ալթունյանի ...86
ԼՅԱ ՄԻՆՈՐ ԳԱՄՄԱ...88
126. ՀՈԳՅԱԿՍ Հայկ. ժող. երգ...89
127. ԼԵԿՈՒՐԻ (պար «Դաիսի» օպերայից Զ.Պալիաշվիլի)...89
ԼՅԱ ԲԵՄՈԼ ՄԱԺՈՐ ԳԱՄՄԱ ...91
Վարժություն 128...91
129. ԲԱՄԲԱԿԱՀԱՎԱՔ (պար «Գայանե» բալետից) Ա. Խաչատրյան...92
130. ԷՏՅՈՒԴ ...92
131. ԷՏՅՈՒԴ ...93
132. ԷՏՅՈՒԴ («Սեգյահ» ձայնակարգում) ...94
133. ԷՏՅՈՒԴ («Չարգյահ» ձայնակարգում) ...95
134. ԷՏՅՈՒԴ («Բայաթի Շիրազ» ձայնակարգում)...96

ԵՐԿՐՈՐԴ ԲԱԺԻՆ ...97
1. ՎԱՐԴԱՆԻ ՄՈՐ ՈՂԲԸ Հայկ. ժող. երգ...97
2. ՅՈՐԺԱՄ Ննջեցելոց, Հատված պատարագից, մշակ.՝ Մ. Եկմալյան...97
3. ՎԱՍՆ ՄԵՐՈՅ ՓՐԿՈՒԹԵԱՆ Հարության շարական Անանիա Շիրակացի (VII դ.)...97
4. ԱՆՁԻՆՔ ՆՎԻՐԵԱԼՔ Շարական Հռիփսիմյանց կույսերի Կոմիտաս Աղցեցի (VII դ.)...98
5. ԶՈՐՍ ԸՍՏ ՊԱՏԿԵՐԻ ՔՈՒՄ Շարական Գրիգոր Մագիստրոս (XI դ.)...98
6. ԱՌԱՎՈՏ ԼՈՒՍՈՅ Ներսես Շնորհալի (XII դ.)...98
7. ՀԱՎՈՒՆ, ՀԱՎՈՒՆ Տաղ Գրիգոր Նարեկացի (X դ.)...99
8. ՍԵՎ ՄՈՒԹ ԱՄՊԵՐ Հայկ. ժող. երգ...99
9. ՄԱՃԿԱԼ Հայկ. ժող. երգ ...99
10. ԱԽ ԻՄ ՃԱՄՓԵՍ Հայկ. ժող. երգ...100
11. ՕՏԱՐ ԱՄԱՅԻ ՃԱՄՓԵՔԻ ՎՐԱ Հայկ. ժող. երգ...100
12. ՍԻՐԵՑԻ, ՅԱՐՍ ՏԱՐԱՆ Հայկ. ժող. երգ ...100
13. ՉՈԼԻ ՋԵՅՐԱՆ Հավասի ...101
14. ՅԱՅԼԱՎՈՐ ՅԱՐՍ Հավասի ...101
15. ՉԵՓՅՈՒՌ, ԲԱՐԵՎ ՏԱՐ Հավասի...102
16. ՋԱՎԱԽԵՑԻ ՍԻՐՈՒՆ ԱՂՋԻԿ Հավասի ...102

17. Ա՜Խ, ՄԻ ԱՆԳԱՄ ԷԼ ՁԻՁԵԻՐ Հավասի 103
18. ՇԱՏ ԵՄ ԵՐԳԵԼ Հավասի 103
19. ՆԱԶԵ-ՆԱԶ Հավասի 104
20. ՔԵԶ ԷԼ ՉԻ ՄՆԱ Հավասի 104
21. ԽՈՍԻՐ, ԻՄ ՍԱԶԸ Հավասի 105
22. ԳԱՐՆԱՆ ԾԱՂԻԿ ԵՍ Հավասի 105
23. ԷԼ Ո՞ՒՄ ԵՐԳԵՄ Հավասի 106
24. ԿԱՐՈՏԵԼ ԵՄ ԵՍ Հավասի 106
25. ԵՂՆԻԿԻ ՊԵՍ ԾՈՒՌ ՄԻ ԱՇԵ Հավասի 107
26. ԷՆ ՔՈ ՍԵՐՆ Է, ՅԱՐ Հավասի 107
27. ԳՅՈԶԱԼՍ ԽՌՈՎԵԼ Է Շահեն 108
28. ԱՆՑԱ ԳՆԱՑԻ Շահեն 108
29. ՆԱԻՐՅԱՆ ԴԱԼԱՐ ԲԱՐԴԻ Շահեն 109
30. ՍԱՄՆԱ ԾՈՒՌ Շահեն 109
31. ԱԼՄԱՍՏԸ ՇՈՂՈՒՄ Է Շահեն 110
32. ՁԵՓՅՈՒՌԻ ՆՄԱՆ Շահեն 110
33. ԱՆԳԻՆ ՅԱՐՍ Շահեն 111
34. ԳՅՈԶԱ՛ԼՍ, ՄԻՆՉ Ե՞ՐԲ ԽՌՈՎ ՄՆԱՍ Շահեն 111
35. ԾՈՎԱՍՏՂԻԿՍ Աշոտ 112
36. ԼՈՒՍՆԻ ՇՈՂՈՎ Աշոտ 112
37. ԳԱՐՈՒՆ Է Աշոտ 113
38. ՍՅՈՒՆՅԱՑ ՍԱՐԵՐ Աշոտ 113
39. ՍՈՒՐԲ ՄԱՅՐԵՐ Աշոտ 114
40. ՍԵՐՍ ՎԱՆՔՈՒՄ ՏԱԹԵՎԻ Աշոտ 114
41. ՍԱՐՎՈՐԻ ԵՐԳԸ Աշոտ 115
42. Ո՞ՒՐ Է Աշոտ 115
43. ԷՆ ՍԱՐԵՐԸ Աշոտ 116
44. ՕՁԱԽՈՒՄ Աշոտ 116
45. ՀԱՅՐԻԿ Աշոտ 117
46. ՔՈ ՍԻՐՈ ՀԱՄԱՐ Աշոտ 117
47. ԱՍԱ, ԻՆՉՈ՞Ւ ԴՈՒ ԼՈՒՌ ԵՍ Աշոտ 118
48. ՅԱՐ, ԱՌԱՆՑ ՔԵԶ Աշոտ 118
49. ՀՈՎ ՍԱՐԵՐ, ՄՈՎ ՍԱՐԵՐ Աշոտ 119
50. ՊԱԽՐԱ Աշոտ 120
51. ԱՄԵՆ ԱՌԱՎՈՏ Շերամ 121
52. ԴՈՒՆ ԻՄ ՄՈՒՍԱՆ ԵՍ Շերամ 121
53. ՇՈՐՈՐԱ Շերամ 122
54. ԶՈՎ ԳԻՇԵՐ Շերամ 122
55. ՕԼՈՐ ՄՈԼՈՐ Շերամ 123
56. ԳԱԼԻՍ ԵՄ ԴՈՒՌԴ Շերամ 123
57. ԷԼԻ ԷՍՕՐ ՍԻՐՏՍ ԿՈՒԼԱ Շերամ 124
58. ՓՆՋԼԻԿ - ՄՆՋԼԻԿ Շերամ 124
59. ԱՐԴԵՆ ՄՈՒԹՆ ԸՆԿԵԼԱ Շերամ 124
60. ՍԵՐ ԻՄ, ՍԻՐՈՒՆ ԵՍ Շերամ 125
61. ՍԱՐԵՐ, ԿԱՂԱՉԵՄ Շերամ 125
62. ՍԵՐԻՑ ԷՐՎԱԾ Շերամ 125
63. ԹԱՌԼԱՆ, ԹԱՌԼԱՆ Շերամ 126
64. ՍԻՐՈՒՆՆԵՐ Շերամ 126
65. ՊԱՐՏԵԶՈՒՄ ՎԱՐԴԵՐ ԲԱՑՎԱԾ Շերամ 127
66. ԱՆՋԻԳՅԱՐ ՅԱՐ Շերամ 127
67. ՔԵԶԱՆԻՑ ՄԱՍ ՉՈՒՆԻՄ Շերամ 128
68. ԷՍՕՐ ԵՐԱԶՆ ԵՍ ԳՆԱՑԵԼ Շերամ 128
69. ՀԱԼԱԼ ԷՐԱ Շերամ 129
70. ԷԼԻ ԵՐԿԻՆՔՆ ԱՄՊԵԼ Է Շերամ 130
71. ՆԱԶ ԱՂՋԻԿ Շերամ 130

72. ՎԱՐԴ ՑԱՆԵՑԻ Շերամ.....131
73. ԱՄՊԵՐՆ ԵԼԱՆ Շերամ.....131
74. ԱՎԱՐԱՅՐԻ ԴԱՇՏ Ջիվանի.....132
75. ՈՎ ՍԻՐՈՒՆ, ՍԻՐՈՒՆ Ջիվանի.....132
76. ԴԵՌ ԳԻՇԵՐ Է Ջիվանի.....133
77. ԸՆԿԵՐ Ջիվանի.....133
78. ՄԱՅՐԻԿ Ջիվանի.....134
79. ՍՊԻՏԱԿ ՄԱԶԵՐ Ջիվանի.....134
80. ՀՈՎԻԿ Ջիվանի.....135
81. ՍԱՍՈՒՆԱՍԱՐ Ջիվանի.....135
82. ԳԵՂԵՑԿՈՒՀՈՒՆ Ջիվանի.....136
83. ՀԱՄԲԵՐԵ', ՀՈԳԻՍ Ջիվանի.....136
84. ԱՌ, ՆԱԶԵԼԻՍ Ջիվանի.....137
85. ՁԱԽՈՐԴ ՕՐԵՐ Ջիվանի.....137
86. ԲԼԲՈՒԼԻ ՀԻԴ Սայաթ-Նովա.....138
87. ԲԼԲՈՒԼԻ ՀԻԴ (տարբերակ Բ) Սայաթ -Նովա.....138
88. ՄԵ ԽՈՍԿ ՈՒՆԻՄ Սայաթ -Նովա.....139
89. ԱՌԱՆՑ ՔԵԶ Ի՞ՆՉ ԿՈՆԻՄ Սայաթ-Նովա.....139
90. ԱՇԽԱՐՀՈՒՄՍ ԱԽ ՉԻՄ ՔԱՇԻ Սայաթ-Նովա.....140
91. ՅԻՍ ԿԱՆՉՈՒՄ ԻՄ ԼԱԼ ԱՆԻՆ Սայաթ-Նովա.....140
92. ԷՇԽԵՄԵՏ Սայաթ-Նովա.....141
93. ՓԱՐՀԱԴՆ ՄԻՌԱԾ.....141
94. ՈՒՍՏԻ ԿՈՒԳԱՍ ՂԱՐԻԲ ԲԼԲՈՒԼ Սայաթ-Նովա.....142
95. ԱՇԽԱՐՀՍ ՄԵ ՓԱՆՋԱՐԱ Է Սայաթ-Նովա.....142
96. ԲՐՈՅԻ Սայաթ-Նովա.....143
97. ԱՐԻ ԻՆՁ ԱՆԳԱԾ ԿԱԼ Սայաթ-Նովա.....144
98. ԴՈՒՆ ԷՆ ՀՈՒՐԻՆ ԻՍ Սայաթ-Նովա.....144
99. ՅԻՍ ՔՈՒ ՂԻՄԵԹՆ ՉԻՄ ԳԻՏԻ Սայաթ-Նովա.....145
100. ՅԻՍ ՄԵ ՂԱՐԻԲ ԲԼԲՈՒԼԻ ՊԵՍ Սայաթ-Նովա.....145
101. ՉԻՍ ԱՍՈՒՄ Սայաթ-Նովա.....146
102. ՊԱՏԿԻՐՔՏ ՂԱԼԱՄՈՎ ՔԱՇԱԾ Սայաթ-Նովա.....147
103. ՔԱՄԱՆՉԱ Սայաթ-Նովա.....148
104. ՆԱԶ ՊԱՐ Ա. Ալեքսանդրյան.....149
105. ՆԱԶԵԼԻ Ա. Ալեքսանդրյան.....150
106. ՇԱԼԱԽՈ Հայկ. Ժող. պար.....151
107. ՇՈՐՈՐ Հայկ. ժող. պար.....152
108. ԶԱՆԳԵԶՈՒՐԻ Ա.Ալեքսանդրյան.....154
109. ԲԱԽՏԱՎԱՐԻ Ղարաբաղի կանացի պար.....155
110. ՇԻՐԱԿԻ ՇՈՒՐՋ ՊԱՐ Հայկ. ժող. պար.....155
111. ԴԻԼԻՋԱՆ Հայկ. ժող. պար.....157
112. ԶՈՒՌՆԻ ՏՐՆԳԻ Հայկ. ժող. պար.....158
113. ՔՈՉԱՐԻ Մարտունու Հայկ. ժող. պար.....158
114. ԿԱՏԱԿ ՊԱՐ Հայկ. ժող. պար.....159
115. ՎԵՐ-ՎԵՐԻ Հայկ. ժող. պար.....160
116. ՏՈՒՅ-ՏՈՒՅ Հայկ. ժող. պար.....161
117. ՇԱՐԱՆ Հայկ. թեմաներով.....161
118. ՆՈՒՆՈՒՓԱՐ Հայկ. ժող. պար.....162
119. ՓԵՐԻ Հայկ. ժող. պար.....162
120. ԱՆԱՀԻՏ Ա.Մերանգուլյան.....163
121. ՆԱԻՐՅԱՆ ԱՂՋԿԱ ՊԱՐ Ա.Ալեքսանդրյան.....164
122. ԾԱՂԿԵՓՈՒՆՋ Խ.Ավետիսյան.....165
123. ՇՈՒՇԱՆԻԿԻ Հայկ. ժող. պար.....165
124. ՀՈՒՆՁ Հայկ. ժող. պար.....166
125. ԱՐՏԱՇԱՏԻ Հայկ. ժող. պար.....167
126. ՍԵՎԱՆԻ Ա.Ալեքսանդրյան.....167

127. ՆԱԻՐԻ Ա.Ալեքսանդրյան 168
128. ՇՈՒՐԻ ԲԱՂԴԱԴՈՒՐԻ Հայկ. ժող. պար 169
129. ՈՒԶՈՒՆԴԱՐԱ Հայկ. ժող. պար 169
130. ՀԱՅԿԱԿԱՆ ՇՈՒՐՋՊԱՐ Հայկ. ժող. պար 170

ԵՐՐՈՐԴ ԲԱԺԻՆ՝ ԱՆՍԱՄԲԼՆԵՐ 171
ՓՈՔՐԻԿ ՊԻԵՍ Գ. Մինասյան 171
ԼՈՒՍՆՅԱԿ ԳԻՇԵՐ Հայկ. ժող. երգ, մշակ.՝ Թ. Ալթունյանի 172
ԵՍ ԼՍԵՑԻ ՄԻ ԱՆՈՒՇ ՁԱՅՆ Հայկ. ժող. երգ 173
ԿՈՒԺՆ ԱՌԱ Կոմիտաս 173
ԱԼԱԳՅԱԶ Կոմիտաս 174
ԹՈՂ ԲԼԲՈՒԼԸ ՉԵՐԳԵ Կոմիտաս 174
ԽՈՐՀՈՒՐԴ ԽՈՐԻՆ Խաչատուր Տարոնեցի (XII-XIII դդ.) մշակ.՝ Կոմիտասի 175
ՔԱՆԻ ՎՈՒՐ ՋԱՆ ԻՄ Սայաթ-Նովա, մշակ.՝ Թ. Ալթունյանի 177
ԴՈՒՆ ԷՆ ԳԼԽԵՆ Սայաթ-Նովա 180
ՍՈՒՐԲ, ՍՈՒՐԲ Մ. Եկմալյան 182
ՄԱՅՐ ԱՐԱՔՍԻ ԱՓԵՐՈՎ Պ. Աֆրիկյան 183
ՀԱՏՎԱԾ ՊԱՏԱՐԱԳԻՑ Մ. Եկմալյան 184
ԷՍ ԳԻՇԵՐ ԼՈՒՍՆԱԿ ԳԻՇԵՐ Կոմիտաս 187
ԱԿՆԱ-ԿՌՈՒՆԿ Մ. Թումանյան, մշակ. Գր. Սանդալջյանի 189
ՉԱՐՄԱՆԱԼԻ Է ԻՆՁ Խոսրովիդուխտ (VIII դ.), մշակ.՝ Գ. Սանդալջյանի 190

ՉՈՐՐՈՐԴ ԲԱԺԻՆ՝ ՄՈՒՂԱՄՆԵՐ 195
ՌԱՍՏ 195
ՇՈՒՐ 201
ՍԵԳՅԱՀ 205
ՉԱՐԳՅԱՀ 208
ՇՈՒՇՏԱՐ 213
ԲԱՅԱԹԻ ՇԻՐԱԶ 215
ՀՈՒՄԱՅՈՒՆ 219

ԵՐԱԺՇՏԱԿԱՆ ՈՐՈՇ ՀԱՍԿԱՑՈՒԹՅՈՒՆՆԵՐ 223
ԵՐԱԺՇՏԱԿԱՆ ՏԵՐՄԻՆՆԵՐ 225
ԲՈՎԱՆԴԱԿՈՒԹՅՈՒՆ 231

СОДЕРЖАНИЕ

ПРЕДИСЛОВИЕ 3
КРАТКИЕ СВЕДЕНИЯ О ДУДУКЕ 15
МЕТОДИЧЕСКИЕ УКАЗАНИЯ 15
ПОЛОЖЕНИЕ ПРИ ИГРЕ НА ДУДУКЕ 16
ДЫХАНИЕ 16
ПРОВЕДЕНИЕ ПЕРВЫХ УРОКОВ 16
ЗАПИСЬ ЗВУКОВ 17
ДЛИТЕЛЬНОСТЬ 17
ЗНАКИ АЛЬТЕРАЦИИ 18
ТАБЛИЦА АППЛИКАТУРЫ ДУДУКА 12
СЕМЕЙСТВО ДУДУКОВ 13
ОТ АВТОРА 23

ПЕРВЫЙ РАЗДЕЛ 25
НАЧАЛЬНЫЕ УПРАЖНЕНИЯ 25
Упражнения 1-6 25
Упражнения 7-10 26
УПРАЖНЕНИЯ В ЧЕТВЕРТНЫХ НОТАХ 27
Упражнения 11-13 27
Упражнения 14-16 28
17. ОЙ НАР Армянская народная песня 28
Упражнения 18-19 29
20. ОЙ ИМ НАЗАНИ ЯР (ОЙ, МОЯ НЕЖНАЯ ВОЗЛЮБЛЕННАЯ) (отрывок) 29
21. ЭТЮД 29
УПРАЖНЕНИЯ В ШТРИХЕ ЛЕГАТО 30
Упражнения 22-24 30
Упражнения 25-28 31
ПОЛОВИННАЯ НОТА С ТОЧКОЙ 32
Упражнения 29-31 32
ГАММА ДО МАЖОР 33
Упражнения 32-33 33
Упражнения 34-36 34
35. ЭТЮД 34
36. ЭТЮД 35
37. ЭТЮД 35
УПРАЖНЕНИЯ В ВОСЬМЫХ НОТАХ 36
Упражнения 38, 39 36
40. ЭТЮД 36
41. ПЕРЕПЕЛКА Р. Меликян 37
42. ВЕСЕННЯЯ (отрывок) Х. Аветисян 37
ЧЕТВЕРТНАЯ НОТА С ТОЧКОЙ 38
Упражнение 43 38
44. ШОРОРА, САЛАТ (САЛАТ (имя девушки), ПЛЯШИ, ПЛЯШИ) Комитас 38
45. КОЛЫБЕЛЬНАЯ Г. Арменян 39
46. ОЙ, НАЗАН Арм. нар. песня, обр. Т.Алтуняна 39
47. АНДАНТИНО А. Хачатурян 39
48. ЭТЮД 40
49. СВЕТЛЯЧОК Груз. нар. песня 40
ШЕСТНАДЦАТЫЕ НОТЫ 41
Упражнения 50, 51 41
52. КУРОПАТОЧКА Комитас 41

Упражнение 53 42
54. ЭТЮД 42
55. ЕРЕВАНСКИЕ НОЧИ А. Долуханян 43
56. ФИНДЖАН Арм. нар. песня 43
57. БОБИК ДЖУР МИ ЭРА (НЕ ПОЛИВАЙ БОСИКОМ) Арм. нар. песня 43
58. ЭТЮД 44
59. ЭТЮД 44
60. ЗАСТОЛЬНАЯ Арм. нар. песня, обр. Т. Алтуняна 44
61. ОГЛЯНИСЬ Гусан Шерам 45
62. ЕРЕМ ДЖАН Арм. нар. песня, обр. Т. Алтуняна 45
63. ПЬЕСА С. Бархударян 46
64. ТАЛВОРИКИ КТРИЧ (УДАЛЕЦ ИЗ ТАЛВОРИКА) Арм. нар. песня 46
ГАММА СИ БЕМОЛЬ МАЖОР 47
Упражнение 65 47
Упражнение 66 48
67. ЭТЮД 48
68. СУРБ, СУРБ (СВЯТ, СВЯТ) М. Екмалян 48
69. МОЯ АРМЕНИЯ Гусан Аваси 49
70. КАРАБАХСКИЙ МАРШ Г. Манасян 49
71. ЭТЮД 50
ГАММА СОЛЬ МИНОР 51
Упражнение 72 52
73. НЕ ПРОСИ МЕНЯ А. Маилян 52
74. ХИНГАЛЛА Арм. нар. песня, обр. Т. Алтуняна 53
75. ЭТЮД Х. Аветисян 53
76. ЕС СИРЕЦИ (Я ПОЛЮБИЛ) Арм. нар. песня, обр. Т. Алтуняна 54
77. СКЕРЦО Х. Аветисян 54
78. ЭТЮД 56
79. ВОКАЛИЗ М. Мазманян 56
ГАММА СОЛЬ МАЖОР 57
Упражнение 80 57
Упражнение 81 58
82. ЭТЮД 58
83. ЭТЮД 59
84. ВСЕ ЗЕЛЕНО ВОКРУГ МЕЛЬНИЦЫ Арм. нар. песня, обр. Т. Алтуняна 59
85. ЭТЮД 60
86. ЭТЮД 60
87. НА ЛУГУ С. Бархударян 61
88. СЕЛЬСКИЙ ТАНЕЦ В. А. Моцарт 61
89. ЭТЮД 62
ТРИОЛЬ 63
Упражнения 90, 91 63
Упражнения 92, 93 64
94. СЕВЕРНАЯ ЗВЕЗДА М. Глинка 65
95. ЛИРИЧЕСКАЯ Арм. нар. песня, обр. Т. Алтуняна 65
РАЗМЕР 6/8 66
Упражнение 96 66
97. ЭТЮД 66
98. ТАНЕЦ Г. Минасян 67
99. ЭНЗЕЛИ (отрывок) А.Спендиаров 68
100. АМБАРЦУМ ЯЙЛА (ПЕСНЯ НА ВОЗНЕСЕНИЕ) (из оперы “Ануш”) А.Тигранян 68
101. СТАРЫЙ ЗАМОК («Картинки с выставки» N 2) М. Мусоргский 69
102. ОВЕРН ЭНКАН Арм. нар. песня 70
103. КИЛИКИЯ Г. Еранян 71
ГАММА РЕ МИНОР 72

104. НУБАР - НУБАР Арм. нар. песня, обр. Т. Алтуняна 72
105. ГИДЖАС А.Спендиаров 73
106. МАРАЛИК Арм. нар. танец 74
107. ЭТЮД 74
СИНКОПА 75
Упражнения 108 - 111 75
112. ЛЕППО ЛЕ, ЛЕ Арм. нар. песня, обр. К. Кара-Мурзы 76
113. ПАСТУХ Чешская нар. песня 76
114. ВАЛЬС (из балета "Спящая красавица") П.Чайковский 77
115. АПАРАН - КАМЕНИСТЫЙ КРАЙ Арм. нар. песня 77
ГАММА МИ БЕМОЛЬ МАЖОР 78
116. ТАНЕЦ МУЖЧИН (из оперы "Алмаст") А.Спендиаров 78
117. ЭТЮД 79
ГАММА ДО МИНОР 80
118. ПЕСНЯ Г.Чтчян 80
119. ВЫХОЖУ ЗАМУЖ Арм. пар. песня, обр. Т. Алтуняна 81
120. ПЕСНЯ А.Спендиарян 81
121. САРЕРИ ОДИН МЕРНЕМ О. Бадалян, обр. Т. Алтуняна 82
122. ЭТЮД 83
МЕЛИЗМЫ 84
123. ПРОСНИСЬ ОТ ЦАРСТВЕННОГО СНА Багдасар Дпир, обр. Т. Алтуняна 85
ГАММА РЕ МАЖОР 86
124. ЭТЮД К. Черни 86
125. ЛАХТИ Арм. нар. песня, обр. Т.Алтуняна 86
ГАММА ЛЯ МИНОР 88
126. ДУШЕНЬКА Арм. нар. песня 89
127. ЛЕКУРИ (танец из оперы "Даиси") З.Палиашвили 89
ГАММА ЛЯ БЕМОЛЬ МАЖОР 91
Упражнение 128 91
129. СБОР ХЛОПКА (танец из балета "Гайане") А. Хачатурян 92
130. ЭТЮД 92
131. ЭТЮД 93
132. ЭТЮД (в ладе «Сегях») 94
133. ЭТЮД (в ладе «Чаргях») 95
134. ЭТЮД (в ладе «Баяти Шираз») 96

ВТОРОЙ РАЗДЕЛ 97
1. СКОРБЬ МАТЕРИ ВАРТАНА Арм. нар. песня 97
2. ОРЖАМ (КОГДА ВОЙДЕШЬ НА СВЯТОЙ АЛТАРЬ) Обр. М. Екмаляна 97
3. ВАСН МЕРОЙ ПРКУТЕАН (ВО ИМЯ НАШЕГО СПАСЕНИЯ) Анания Ширакаци 97
4. АНДЗИНК НВИРЯЛК (ДУШИ ПОСВЯТИВШИЕ СЕБЯ) Комитас Ахцеци 98
5. ЗОРС ЫСТ ПАТКЕРИ КУМ (ТЫ КОТОРЫЙ СОЗДАЛ ПО ПОДОБИЮ СВОЕМУ) Григор Магистрос 98
6. АРАВОТ ЛУСО (СВЕТОЗАРНОЕ УТРО) Нерсес Шнорали 98
7. АВУН, АВУН (ПТАХА, ПТАХА) Григор Нарекаци 99
8. СЕВ МУТ АМПЕР Арм. нар. песня 99
9. МАЧКАЛ (ПАХАРЬ) Арм. нар. песня 99
10. АХ, ИМ ЧАМПЕС (АХ, МОЯ ДОРОГА) Арм. нар. песня 100
11. ОТАР АМАН ЧАМПЕКИ ВРА (НА БЕЗЛЮДНЫХ ДОРОГАХ ЧУЖБИНЫ) Арм. нар. песня 100
12. СИРЕЦИ, ЯРС ТАРАН (ПОЛЮБИЛ, НО ЛЮБИМУЮ УВЕЛИ) Арм. нар. песня 100
13. ЧОЛИ ДЖЕЙРАН (СТЕПНАЯ ЛАНЬ) Аваси 101
14. ЯЙЛАВОР ЯРС (ЛЮБОВЬ МОЯ С ГОР) Аваси 101
15. ЗЕПЮР, БАРЕВ ТАР (ВЕТЕРОК, ДОНЕСИ МОЙ ПРИВЕТ) Аваси 102
16. ДЖАВАХЕЦИ СИРУН АХЧИК (КРАСАВИЦА ИЗ ДЖАВАХКА) Аваси 102
17. АХ, МИ АНГАМ ЭЛ ЗИДЖЕИР (АХ, УСТУПИЛА БЫ ЕЩЕ РАЗ) Аваси 103
18. ШАТ ЕМ ЕРГЕЛ (Я МНОГО ПЕЛ) Аваси 103

19. НАЗЕ-НАЗ (КОКЕТКА) Аваси 104
20. КЕЗ ЭЛ ЧИ МНА (ТЕБЕ ТОЖЕ НЕ ОСТАНЕТСЯ) Аваси 104
21. ХОСИР, ИМ САЗ (ПОЙ, МОЙ САЗ) Аваси 105
22. ГАРНАН ЦАХИК ЕС (ТЫ ВЕСЕННИЙ ЦВЕТОК) Аваси 105
23. ЭЛ УМ ЕРГЕМ? (КОМУ Ж ЕЩЕ ПЕТЬ?) Аваси 106
24. КАРОТЕЛ ЕМ КЕЗ (Я СОСКУЧИЛСЯ) Аваси 106
25. ЕГНИКИ ПЕС ЦУР МИ АШЕ (НЕ СМОТРИ, КАК ЛАНЬ, ИСПОДЛОБЬЯ) Аваси 107
26. ЭН КО СЕРН Э, ЯР (ЭТО ТВОЯ ЛЮБОВЬ, МИЛАЯ) Аваси 107
27. ГЕЗАЛС ХРОВЕЛ Э (МОЯ КРАСАВИЦА ОБИДЕЛАСЬ) Шаген 108
28. АНЦА ГНАЦИ (УВИДЕЛ И УШЕЛ) Шаген 108
29. НАИРЯН ДАЛАР БАРДИ (НАИРИЙСКИЙ МОЛОДОЙ ТОПОЛЬ) Шаген 109
30. САСНАЦУР (САСУНСКИЙ УДАЛЕЦ) Шаген 109
31. АЛМАСТ ШОГУМ Э (СВЕРКАЕТ АЛМАЗ) Шаген 110
32. ЗЕПЮРЫ НМАН (ПОДОБНАЯ ВЕТЕРКУ) Шаген 110
33. АНГИН ЯРС (БЕСЦЕННАЯ МОЯ) Шаген 111
34. ГЕЗАЛС, МИНЧ ЕРБ ХРОВ МНАС? (КРАСАВИЦА, КАК ДОЛГО БУДЕШЬ ОБИЖЕНА?) Шаген 111
35. ЦОВАСТХИКС (МОЯ МОРСКАЯ ЗВЕЗДОЧКА) Ашот 112
36. ЛУСНИ ШОГОВ (ПО ЛУННОМУ ЛУЧУ) Ашот 112
37. ГАРУН Э (ВЕСНА) Ашот 113
38. СЮНЯЦ САРЕР (СЮНИКСКИЕ ГОРЫ) Ашот 113
39. СУРБ МАЙРЕР (СВЯТЫЕ МАТЕРИ) Ашот 114
40. СЕРС ВАНКУМ ТАТЕВИ (МОЯ ЛЮБОВЬ В ТАТЕВСКОМ МОНАСТЫРЕ) Ашот 114
41. САРВОРИ ЕРГ (ПЕСНЯ КРЕСТЬЯНИНА В ГОРАХ) Ашот 115
42. УР Э? (ГДЕ?) Ашот 115
43. ЭН САРЕР (ТЕ ГОРЫ) Ашот 116
44. ОДЖАХУМ (В ОТЧЕМ ДОМЕ) Ашот 116
45. АЙРИК (ОТЕЦ) Ашот 117
46. КО СИРО АМАР (РАДИ ТВОЕЙ ЛЮБВИ) Ашот 117
47. АСА, ИНЧУ ДУ ЛУР ЕС? (СКАЖИ, ПОЧЕМУ ТЫ МОЛЧИШЬ?) Ашот 118
48. ЯР, АРАНЦ КЕЗ (БЕЗ ТЕБЯ, ЛЮБИМАЯ) Ашот 118
49. ОВ САРЕР, МОВ САРЕР (ДАЮЩИЕ ПРОХЛАДУ ГОРЫ) Ашот 119
50. ПАХРА (КОСУЛЯ) Ашот 120
51. АМЕН АРАВОТ (КАЖДОЕ УТРО) Шерам 121
52. ДУН ИМ МУСАН ЕС (ТЫ МОЯ МУЗА) Шерам 121
53. ШОРОРА (БУДЬ ГРАЦИОЗНА) Шерам 122
54. ЗОВ ГИШЕР (ПРОХЛАДНАЯ НОЧЬ) Шерам 122
55. ОЛОР-МОЛОР (ИЗВИЛИСТО) Шерам 123
56. ГАЛИС ЕМ ДУРД (ПОДХОЖУ К ТВОЕМУ ПОРОГУ) Шерам 123
57. ЭЛИ ЭСОР СИРТС КУЛА (ОПЯТЬ СЕГОДНЯ СЕРДЦЕ ПЛАЧЕТ) Шерам 124
58. ПНДЖЛИК - МНДЖЛИК Шерам 124
59. АРДЕН МУТН ЫНКЕЛА (УЖЕ СТЕМНЕЛО) Шерам 124
60. СЕР ИМ, СИРУН ЕС (ЛЮБОВЬ МОЯ, ТЫ ПРЕКРАСНА) Шерам 125
61. САРЕР, КАХАЧЕМ (МОЛЮ ВАС, ГОРЫ) Шерам 125
62. СЕРИЦ ЭРВАЦ (ОПАЛЕННЫЙ ЛЮБОВЬЮ) Шерам 125
63. ТАРЛАН, ТАРЛАН Шерам 126
64. СИРУННЕР (КРАСАВИЦЫ) Шерам 126
65. ПАРТИЗУМ ВАРДЕР БАЦВАЦ (В САДУ РАСЦВЕЛИ РОЗЫ) Шерам 127
66. АНДЖИГЯР ЯР (БЕЗДУШНАЯ МОЯ) Шерам 127
67. КЕЗАНИЦ МАС ЧУНИМ Шерам 128
68. ЭСОР АРАЗН ЕС ГНАЦЕЛ (СЕГОДНЯ ТЫ ПОШЛА К РЕКЕ АРАКС) Шерам 128
69. АЛАЛ ЭРА Шерам 129
70. ЭЛИ ЕРКИНКН АМПЕЛ Э (ОПЯТЬ НЕБО ПОКРЫЛОСЬ ОБЛАКАМИ) Шерам 130
71. НАЗ АХЧИК (КОКЕТКА) Шерам 130
72. ВАРД ЦАНЕЦИ (ПОСАДИЛ РОЗУ) Шерам 131
73. АМПЕРН ЕЛАН (ПОЯВИЛИСЬ ТУЧИ) Шерам 131

74. АВАРАЙРИ ДАШТ (АВАРАЙРСКОЕ ПОЛЕ) Дживани 132
75. ОВ СИРУН, СИРУН (О КРАСАВИЦА, КРАСАВИЦА) Дживани 132
76. ДЕР ГИШЕР Э (ПОКА ЕЩЕ НОЧЬ) Дживани 133
77. ЕНКЕР (ТОВАРИЩ) Дживани 133
78. МАЙРИК (МАТУШКА) Дживани 134
79. СПИТАК МАЗЕР (СЕДИНА) Дживани 134
80. ОВИК (ВЕТЕРОК) Дживани 135
81. САСУНАСАР (ГОРА САСУН) Дживани 135
82. ГЕХЕЦКУУН (КРАСАВИЦЕ) Дживани 136
83. АМБЕРЕ, ОГИС (ПОТЕРПИ, ДУША МОЯ) Дживани 136
84. АР, НАЗЕЛИС (ТЕБЕ, ЛЮБИМАЯ) Дживани 137
85. ДЗАХОРД ОРЕР (НЕУДАЧНЫЕ ДНИ) Дживани 137
86. БЛБУЛИ ИД (С СОЛОВЬЕМ) Саят-Нова 138
87. БЛБУЛИ ИД (Версия Б) Саят-Нова 138
88. МЕ ХОСК УНИМ (ЕСТЬ СЛОВО У МЕНЯ) Саят-Нова 139
89. АРАНЦ КЕЗ ИНЧ КОНИМ? (ЧТО БЫ Я ДЕЛАЛ БЕЗ ТЕБЯ?) Саят-Нова 139
90. АШХАРУМС АХ ЧИМ КАШИ (НИКОГДА НЕ БУДУ ЖАЛОВАТЬСЯ) Саят-Нова 140
91. ЙИС КАНЧУМ ИМ ЛАЛАНИН (Я ЗОВУ МОЮ ДУШЕНЬКУ) Саят-Нова 140
92. ЭШХЕМЕТ Саят-Нова 141
93. ПИРХАДН МИРАЦ Саят-Нова 141
94. УСТИ КУГАС, ХАРИБ БЛБУЛ (ОТКУДА ТЫ ПРИЛЕТЕЛ, СОЛОВЕЙ-СТРАННИК) Саят-Нова 142
95. АШХАРС МЕ ПАНДЖАРА Э (ВЕСЬ СВЕТ - ЭТО ОКОШКО) Саят-Нова 142
96. БРОЙИ Саят-Нова 143
97. АРИ ИНДЗ АНГАЧ КАЛ (ПОСЛУШАЙ МЕНЯ) Саят-Нова 144
98. ДУН ЭН УРИН ИС (ТЫ НАСТОЯЩАЯ ФЕЯ) Саят-Нова 144
99. ЙИС КУ ХИМЕТН ЧИМ ГИТИ (Я ТЕБЯ НЕ ЗНАЮ) Саят-Нова 145
100. ЙИС МЕ ХАРИБ БЛБУЛИ ПЕС (Я КАК СОЛОВЕЙ-СТРАННИК) Саят-Нова 145
101. ЧИС АСУМ (НЕ ГОВОРИШЬ) Саят-Нова 146
102. ПАТКИРКТ ХАЛАМОВ КАШАЦ (ТВОЙ ПОРТРЕТ НАПИСАН ПЕРОМ) Саят-Нова 147
103. КАМАНЧА Саят-Нова 148
104. НАЗ ПАР (КОКЕТЛИВЫЙ ТАНЕЦ) А. Александрян 149
105. НАЗЕЛИ (НЕЖНАЯ) А. Александрян 150
106. ШАЛАХО Арм. нар. танец 151
107. ШОРОР Арм. нар. танец, обр. Т. Алтуняна 152
108. ЗАНГЕЗУРИ Женский танец, А. Александрян 154
109. БАХТАВАРИ Карабахский женский танец 155
110. ШИРАКСКИЙ КРУГОВОЙ ТАНЕЦ Арм. нар. танец 155
111. ДИЛИЖАН Арм. нар. танец 157
112. ЗУРНИ ТРНГИ Арм. нар. танец 158
113. КОЧАРИ МАРТУНИНСКИЙ Арм. нар. танец 158
114. ШУТОЧНЫЙ ТАНЕЦ Арм. нар. танец 159
115. ВЕР-ВЕРИ Арм. нар. танец 160
116. ТУЙ-ТУЙ Арм. нар. танец 161
117. ШАРАН Арм. тематики 161
118. НУНУФАР Арм. нар. танец 162
119. ПЕРИ Арм. нар. танец 162
120. АНАИТ А. Мерангулян 163
121. ТАНЕЦ НАИРИЙСКОЙ ДЕВУШКИ А. Александрян 164
122. ЦАХКЕПУНДЖ Х. Аветисян 165
123. ШУШАНИКИ Арм. нар. танец 165
124. ЖАТВА Арм. нар. танец 166
125. АРТАШАТИ Арм. нар. танец 167
126. СЕВАНИ А. Александрян 167
127. НАИРИ А. Александрян 168
128. ШУРИ БАГДАРУРИ Арм. нар. танец 169

129. УЗУНДАРА Арм. нар. танец ... 169
130. АРМЯНСКИЙ ТАНЕЦ Арм. нар. танец ... 170

ТРЕТИЙ РАЗДЕЛ – АНСАМБЛИ ... 171
МАЛЕНЬКАЯ ПЬЕСА Г. Минасян ... 171
ЛУСНЯК ГИШЕР Арм. нар. песня, обр. Т. Алтуняна ... 172
ЕС ЛСЕЦИ МИ АНУШ ДЗАЙН Арм. нар. песня ... 173
КУЖН АРА Комитас ... 173
АЛАГЯЗ Комитас ... 174
ТОХ БЛБУЛ ЧЕРГЕ Комитас ... 174
ХОРУРД ХОРИН Хачатур Таронеци (XII-XIII вв.), обр.Комитаса ... 175
КАНИ ВУР ДЖАН ИМ Саят-Нова, обр. Т. Алтуняна ... 177
ДУН ЭН ГЛХЕН Саят-Нова ... 180
СУРБ, СУРБ М.Екмалян ... 182
СЛЕЗЫ АРАКСА П. Африкян ... 183
ОТРЫВОК ИЗ ЛИТУРГИИ М.Екмалян ... 184
ЭС ГИШЕР, ЛУСНЯК ГИШЕР Комитас ... 187
АКНА КРУНК М.Тумаджян, обр. Г.Сандалджяна ... 189
ЗАРМАНАЛИ Э ИНДЗ Хосровидухт, обр. Г.Сандалджяна ... 190

ЧЕТВЕРТЫЙ РАЗДЕЛ - МУГАМЫ ... 195
РАСТ ... 195
ШУР ... 201
СЕГЯХ ... 205
ЧАРГЯХ ... 208
ШУШТАР ... 213
БАЯТЫ ШИРАЗ ... 215
УМАЮН ... 219

НЕКОТОРЫЕ МУЗЫКАЛЬНЫЕ ПОНЯТИЯ ... 223
МУЗЫКАЛЬНЫЕ ТЕРМИНЫ ... 225
СОДЕРЖАНИЕ ... 231

CONTENTS

PREFACE 5
SHORT INFORMATION ABOUT DUDUK 19
METHODICAL INSTRUCTIONS 19
POSITION WHILE PLAYING DUDUK 19
BREATHING 20
HOW TO CONDUCT THE FIRST LESSONS 20
MUSIC NOTATION 20
RHYTHMIC VALUE 21
SIGNS OF ALTERATION 22
DUDUK FINGERING TABLE 12
FAMILY OF DUDUKS 13
FROM THE AUTHOR 23

SECTION ONE 25
ELEMENTARY EXERCISES 25
Exercises 1-6 25
Exercises 7-10 26
EXERCISES IN QUARTER NOTES 27
Exercises 11-13 27
Exercises 14-16 28
17. HOY NAR Armenian folk song 28
Exercises 18-19 29
20. HOY, IM NAZANI YAR (HOY, MY TENDER LOVE) (extract) Arm. folk song 29
21. ETUDE 29
EXERCISES IN LEGATO 30
Exercises 22-24 30
Exercises 25-28 31
HALF NOTE WITH A DOT 32
Exercises 29-31 32
THE SCALE OF C DUR 33
Exercises 32-33 33
Exercise 34 34
35. ETUDE 34
36. ETUDE 35
37. ETUDE 35
EXERCISES IN EIGHTH NOTES 36
Exercises 38, 39 36
40. ETUDE 36
41. QUAIL R. Melikyan 37
42. SPRINGTIME (extract) Kh. Avetisyan 37
QUARTER NOTE WITH A DOT 38
Exercise 43 38
44. SHORORA SALAT (DANCE, SALAT(a girl's name), DANCE) Komitas 38
45. LULLABY G. Armenyan 39
46. HOY, NAZAN Arm. folk song, adapt. T. Altunyan 39
47. ANDANTINO A. Khachaturian 39
48. ETUDE 40
49. GLOW WORM Georgian folk. song 40
SIXTEENTH NOTES 41
Exercises 50, 51 41
52. PARTRIDGE Komitas 41

Exercise 53 42
54. ETUDE 42
55. YEREVANIAN NIGHTS A. Dolukhanian 43
56. FINJAN Arm. folk song 43
57. BOBIK JUR MI ERA (DON'T GO FOR WATER BAREFOOTED) Arm. folk song 43
58. ETUDE 44
59. ETUDE 44
60. FEAST SONG Arm. folk song, adapt. T. Altunyan 44
61. LOOK AROUND Gusan Sheram 45
62. YEREM JAN Arm. folk song, adapt. T. Altunyan 45
63. PIECE S.Barkhudaryan 46
64. TALVORIKI KTRICH (DARING FELLOW FROM TALVORIK) Arm. folk song 46
THE SCALE OF B DUR 47
Exercise 65 47
Exercise 66 48
67. ETUDE 48
68. SOURB, SOURB (SAINT, SAINT) M.Yekmalian 48
69. MY ARMENIA Gussan Havasi 49
70. KARABAGH MARCH G. Manasyan 49
71. ETUDE 50
THE SCALE OF G MOLL 51
Exercise 72 52
73. DON'T ASK ME A. Mailyan 52
74. HINGALLA Arm. folk song, adapt. T. Altunyan 53
75. ETUDE Kh. Avetisyan 53
76. YES SIRETSI (I FELL IN LOVE) Arm. folk song, adapt. T. Altunyan 54
77. SCHERZO Kh. Avetisyan 54
78. ETUDE 56
79. VOCALIZE M. Mazmanyan 56
THE SCALE OF G DUR 57
Exercise 80 57
Exercise 81 58
82. ETUDE 58
83. ETUDE 59
84. EVERYTHING IS GREEN AROUND THE MILL Arm. folk song, adapt. T. Altunyan 59
85. ETUDE 60
86. ETUDE 60
87. ON THE MEADOW S. Barkhudaryan 61
88. COUNTRY DANCE V. A. Mozart 61
89. ETUDE 62
TRIPLET 63
Exercises 90, 91 63
Exercises 92, 93 64
94. NORTHERN STAR M. Glinka 65
95. LYRIC SONG Arm. folk song, adapt. T. Altunian 65
6/8 MEASURE 66
Exercise 96 66
97. ETUDE 66
98. DANCE G.Minasyan 67
99. ENZELY (extract) A.Spendiaryan 68
100. HAMBARTSUM YAYLA (SONG FOR THE ASCENSION) (from "Anush" opera) A.Tigranian 68
101. OLD CASTLE ("Pictures from Exhibition" NT) M. Musorgsky 69
102. HOVERN ENKAN Arm. folk song 70
103. KILIKIA G. Eranean 71
THE SCALE OF D MOLL 72

104. NUBAR-NUBAR Arm. folk song, adapt. T. Altunyan 72
105. HIJAS A.Spendiarian 73
106. MARALIK Arm. folk dance 74
107. ETUDE 74
SYNCOPATION 75
Exercises 108 - 111 75
112. LEPHO LE, LE Arm. folk song, adapt. Kara-Murza 76
113. SHEPHERD Czech folk song 76
114. WALTZ (extract from "Sleeping Beauty " ballet) P. Tchaikovsky 77
115. STONY APARAN Arm. folk song 77
THE SCALE OF ES DUR 78
116. MEN'S DANCE (from "Almast" opera) A. Spendiarian 78
117. ETUDE 79
THE SCALE OF C MOLL 80
118. SONG G. Chtchyan 80
119. I AM GETTING MARRIED Arm. folk song, adapt. T. Altunyan 81
120. SONG A. Spendiarian 81
121. SARERI HOVIN MERNEM (I ADORE MOUNTAIN COOLNESS) H.Badalyan, adapt. T. Altunyan 82
122. ETUDE 83
MELISMAS 84
123. WAKE UP FROM THE REGAL DREAM Baghdasar Dpir, adapt. R. Altunyan 85
THE SCALE OF D DUR 86
124. ETUDE K. Cherni 86
125. LAKHTI Arm. folk song, adapt. T. Altunyan 86
THE SCALE OF A MOLL 88
126. SWEETHEART Arm. folk song 89
127. LEKURI (dance from "Daisi" opera) Z. Paliashvili 89
THE SCALE OF AS DUR 91
Exercise 128 91
129. COLLECTING COTTON (dance from "Gayane" ballet) A. Khachaturyan 92
130. ETUDE 92
131. ETUDE 93
132. ETUDE (in "Segyah" mode) 94
133. ETUDE (in "Chargyah" mode) 95
134. ETUDE (in "Bayaty Shiraz" mode) 96

SECTION TWO 97
1. GRIEF OF VARTAN'S MOTHER Arm. folk song 97
2. HORZHAM (WHEN YOU ASCEND TO THE HOLY ALTAR) Adapt. M. Yekmalian 97
3. VASN MEROY PRKUTEAN (IN THE NAME OF OUR SALVATION) Anania Shirakatsi 97
4. ANDZINK NVIRYALK (SOULS WHO DEVOTED THEMSELVES) Komitas Aghtsetsi 98
5. ZORS YST PATKERI KUM (THOU WHO CREATED BY YOUR LIKENESS) Grigor Magistros 98
6. ARAVOT LUSO (BRIGHT MORNING) Nerses Shnorali 98
7. HAVUN, HAVUN (BIRDIE, BIRDIE) Grigor Narekatsi 99
8. SEV MUT AMPER (BLACK CLOUDS) Arm. folk song 99
9. MACHKAL (PLOUGMAN) Arm. folk song 99
10. AKH, IM TCHAMPES (OH, MY WAY) Arm. folk song 100
11. OTAR AMAI TCHAMPEKI VRA (ON THE STRANGE EMPTY ROADS) Arm. folk song 100
12. SIRETSI, YARS TARAN (I LOVED, BUT MY SWEETHEART WAS TAKEN) Arm. folk song 100
13. CHOLI JEYRAN (PRAIRIE DEER) Havasi 101
14. YAILAVOR YARS (MY SWEETHEART FROM THE PASTURES) Havasi 101
15. ZEPYUR, BAREV TAR (CARRY MY REGARDS, BREEZE) Havasi 102
16. JAVAKHETSI SIRUN AKHCHIK (BEAUTY FROM JAVAKHK) Havasi 102
17. AKH, MI ANGAM EL ZIJEIR (I WISH YOU GAVE IN ONCE MORE) Havasi 103
18. SHAT EM YERGEL (I SANG A LOT) Havasi 103

19. NAZE-NAZ (COQUETTE) Havasi 104
20. QEZ EL CHI MNA (YOU WON'T HAVE IT EITHER) Havasi 104
21. KHOSIR IM SAZ (SING, MY SAZ) Havasi 105
22. GARNAN TSAGHIK ES (YOU ARE A SPRING FLOWER) Havasi 105
23. EL UM YERGEM (WHOM ELSE SHALL I SING FOR) Havasi 106
24. KAROTEL EM YES (I HAVE MISSED YOU) Havasi 106
25. YEGHNIKI PES TSUR MI ASHE (DON'T LOOK AT ME SULLENLY LIKE A DEER) Havasi 107
26. EN KO SERN E, YAR (THIS IS YOUR LOVE, MY DARLING) Havasi 107
27. GYOZALS KHROVELE (MY DARLING IS DISPLEASED) Shahen 108
28. ANTSA GNATSI (I PASSED) Shahen 108
29. NAIRYAN DALAR BARDI (YOUNG POPLAR OF NAIRI) Shahen 109
30. SASNA TSUR (DARING FELLOW OF SASSOUN) Shahen 109
31. ALMAST SHOGHUM E (DIAMOND IS SHINING) Shahen 110
32. ZEPYURI NMAN (LIKE A BREEZE) Shahen 110
33. ANGIN YARS (MY PRECIOUS LOVE) Shahen 111
34. GYOZALS, MINCH YERB KHROV MNAS? (HOW LONG WILL YOU BE DISPLEASED?) Shahen 111
35. TSOVASTGHIKS (YOU ARE MY SEA STAR) Ashot 112
36. LUSNI SHOGHOV (BYMOONLIGHT) Ashot 112
37. GARUN E (SPRING) Ashot 113
38. SYUNYATS SARER (SYUNIC MOUNTAINS) Ashot 113
39. SOURB MAYRER (SAINT MOTHERS) Ashot 114
40. SERS VANKUM TATEVI (MY LOVE IS IN TATEV MONASTERY) Ashot 114
41. SARVORI YERG (HIGHLANDER FARMER'S SONG) Ashot 115
42. UR E? (WHERE IS SHE?) Ashot 115
43. EN SARER (THOSE MOUNTAINS) Ashot 116
44. OJAKHUM (AT THE HOME) Ashot 116
45. HAYRIK (FATHER) Ashot 117
46. KO SIRO HAMAR (FOR THE SAKE OF YOUR LOVE) Ashot 117
47. ASA, INCHU DU LUR ES? (WHY ARE YOU SILENT?) Ashot 118
48. YAR, ARANTS QEZ (WITHOUT YOU, MY LOVE) Ashot 118
49. HOV SARER, MOV SARER (COOL, COOL MOUNTAINS) Ashot 119
50. PAKHRA (ROE) Ashot 120
51. AMEN ARAVOT (EVERY MORNING) Sheram 121
52. DUN IM MUSAN ES (YOU ARE MY MUSE) Sheram 121
53. SHORORA Sheram 122
54. ZOV GISHER (COOL NIGHT) Sheram 122
55. OLOR MOLOR (SERPENTINE) Sheram 123
56. GALIS EM DURD (I AM GOING UP TO YOUR DOORS) Sheram 123
57. ELI ESOR SIRTS KULA (MY HEART IS CRYING AGAIN TODAY) Sheram 124
58. PNJLIK-MNJLIK Sheram 124
59. ARDEN MUTN YNKELA (DUSK HAS FALLEN) Sheram 124
60. SER IM, SIRUN ES (DARLING, YOU ARE BEAUTIFUL) Sheram 125
61. SARER, KAGHACHEM (I BEG YOU, MOUNTAINS) Sheram 125
62. SERITS ERVATS (BURNT BY LOVE) Sheram 125
63. TARLAN, TARLAN (BELOVED) Sheram 126
64. SIRUNNER (BEAUTIES) Sheram 126
65. PARTIZUM VARDER BAZVATS (THE ROSES HAS BLOOMED IN THE GARDEN) Sheram 127
66. ANDJIGYAR YAR (HEARTLESS) Sheram 127
67. KEZANITS MAS CHUNIM (I DON'T HAVE PART IN YOU) Sheram 128
68. ESOR ARAZN ES GNATSEL (YOU WENT TO ARAKS RIVER TODAY) Sheram 128
69. HALAL ERA Sheram 129
70. ELI YERKINKN AMPEL E (THE SKY IS CLOUDY AGAIN) Sheram 130
71. NAZ AGHCHIK (COQUETTE) Sheram 130
72. VARD TSANETSI (I'VE PLANTED A ROSE) Sheram 131
73. AMPERN YELAN (CLOUDS APPEARED) Sheram 131

74. AVARAYRI DASHT (AVARAYR FIELD) Jivani 132
75. OV SIRUN, SIRUN (OH, MY BEAUTY) Jivani 132
76. DER GISHER E (IT IS STILL NIGHT) Jivani 133
77. ENKER (FRIEND) Jivani 133
78. MAYRIK (MOTHER) Jivani 134
79. SPITAK MAZER (GRAY HAIR) Jivani 134
80. HOVIK (BREEZE) Jivani 135
81. SASUNASAR (SASSOUN MOUNTAIN) Jivani 135
82. GEGHETSKUHUN (TO THE BEAUTY) Jivani 136
83. HAMBERE, HOGIS (HAVE PATIENCE, MY SWEETHEART) Jivani 136
84. AR, NAZELIS (TO YOU, DARLING) Jivani 137
85. DZAKHORD ORER (HARD DAYS) Jivani 137
86. BLBULI HID (WITH NIGHTINGALE) Sayat-Nova 138
87. BLBULIHID (VERSION B) Sayat-Nova 138
88. ME XOSK UNIM (I HAVE SOMETHING TO SAY) Sayat-Nova 139
89. ARANTS KEZ INCH KONIM (WHAT SHALL I DO WITHOUT YOU) Sayat-Nova 139
90. ASHKHARUMS AKH CHIM KASHI (I'VE NEVER COMPLAINED) Sayat-Nova 140
91. YIS KANCHUM IM LALANIN (I AM CALLING MY SWEETHEART) Sayat-Nova 140
92. ESHXEMET Sayat-Nova 141
93. PARHADN MIRAC Sayat-Nova 141
94. USTI KUGAS GHARIB BLBUL (WHERE ARE YOU COMING FROM, NIGHTINGALE) Sayat-Nova 142
95. ASHKHARS ME PANJARA E (THE WORLD IS A WINDOW) Sayat-Nova 142
96. BROYIE Sayat-Nova 143
97. ARIINDZ ANG ACH KAL (LISTEN TO ME) Sayat-Nova 144
98. DUN EN HURIN IS (YOU ARE A FAIRY) Sayat-Nova 144
99. YIS KU GHIMETN CHIM GITI (I DON'T KNOW YOU) Sayat-Nova 145
100. YIS ME GHARIB BLBULI PES (I AM LIKE A STRANGE NIGHTINGALE) Sayat-Nova 145
101. CHIS ASUM (YOU DON'T SAY) Sayat-Nova 146
102. PATKIRKT GHALAMOV KASHATS Sayat-Nova 147
103. KAMANCHA Sayat-Nova 148
104. NAZ PAR (COQUETTE DANCE) A.Alexandryan 149
105. NAZELI (TENDER) A. Alexandryan 150
106. SHALAKHO Arm. folk dance 151
107. SHOROR Arm. folk dance, adapt. T. Altunyan 152
108. ZANGEZURI Women's dance A. Alexandryan 154
109. BAKHTAVARI Karabakh women's dance 155
110. SHIRAK ROUND DANCE Arm. folk dance 155
111. DILIJAN Arm. folk dance 157
112. ZURNI TRNGI Arm. folk dance 158
113. KOTCHARI MARTUNIAN Arm. folk dance 158
114. FACETOUS DANCE Arm. folk dance 159
115. VER-VERI Arm. folk dance 160
116. TUY-TUY Arm. folk dance 161
117. SHARAN (MEDLEY) Arm. themes 161
118. NUNUFAR Arm. folk dance 162
119. PERI (FAIRY) Arm. folk dance 162
120. ANAHIT A. Merangulyan 163
121. NAIRI GIRLS' DANCE A.Alexandryan 164
122. TSAGHKEPUNTCH (BUNCH OF FLOWERS) Kh. Avetisyan 165
123. SHUSHANIKI Arm. folk dance 165
124. REAPING A. Alexandryan 166
125. ARTASHATI Arm. folk dance 167
126. SEVANI A. Alexandryan 167
127. NAIRI A. Alexandryan 168
128. SHURI BAGHDADURI Arm. folk dance 169

129. UZUNDARA Arm. folk dance ... 169
130. ARMENIAN DANCE Arm. folk dance ... 170

SECTION THREE – ENSEMBLES ... 171
LITTLE PIECE G. Minasyan ... 171
LUSNYAK GISHER (MOONLIGHT NIGHT) Arm. folk song, adapt. T. Altunyan ... 172
YES LSETSI MI ANUSH DZAYN (I HEARD A SWEET VOICE) Arm. folk song ... 173
KUZHN ARA (I TOOK A JAR) Komitas ... 173
ALAGYAZ Komitas ... 174
TOGH BLBUL CHERGE (LET THE NIGHTINGALE NOT SING) Komitas ... 174
KHORHURD KHORIN Khachatur Taronetsi, adapt. Komitas ... 175
KANI VUR JAN IM (WHILE I AM ALIVE) Sayat-Nova, adapt. T. Altunyan ... 177
DUN EN GLXEN Sayat-Nova ... 180
SOURB, SOURB (SAINT, SAINT) M.Yekmalian ... 182
TEARS OF THE ARAKS P. Afrikian ... 183
EXTRACT FROM LITURGY M.Yekmalian ... 184
ES GISHER LUSNYAK GISHER (THAT MOONLIGHT NIGHT) Komitas ... 187
AKNA KRUNK M.Tumajian, adapt. G.Sandaldjyan ... 189
ZARMANALI EH INDZ (IT IS ASTONISHING TO ME) Khosrovidukht, adapt. G.Sandaldjyan ... 190

SECTION FOUR - MUGHAMS ... 195
RAST ... 195
SHUR ... 201
SEGYAH ... 205
CHARGYAH ... 208
SHUSHTAR ... 213
BAYATI SHIRAZ ... 215
HUMAYUN ... 219

SOME MUSICAL TERMS ... 223
MUSICAL TERMS ... 225
CONTENTS ... 231

ՇՈՒՏՈՎ ՎԱՃԱՌՔՈՒՄ
СКОРО В ПРОДАЖЕ
COMING SOON

Գեորգի Մինասյան (Մինասով)
Քրեստոմատիա դուդուկի համար՝ դաշնամուրի նվագակցությամբ՝ 2 հատորով

Георгий Минасян (Минасов)
Хрестоматия для дудука в сопровождении фортепиано в 2-х томах

Georgy Minasyan (Minasov)
Chrestomaty for duduk with piano accompaniment in two volumes.

Contact: books@minasovduduk.com

Visit www.minasovduduk.com for more information.

Գ.Վ.Մինասյան (Մինասով)

ԴՈՒԴՈՒԿԻ ՁԵՌՆԱՐԿ

3րդ հրատարակություն

Խմբագիրներ՝	Ռ. Ալթունյան, Ս. Աճեմյան, Ռ.Եսայան,
Նկարիչ՝	Մ. Մինասով
Նոտաների թվայնացումը՝	Կ.Սարգսյան
Լուսանկարները՝	Զ. Խաչիկյան, Ա. Մաթոսյան
Համակարգչային շարվածքը և շապիկը՝	Լ.Մալխասյան
Ռուսերեն թարգմանությունը՝	Ս. Մինասովա
Անգլերեն թարգմանությունը՝	Ս. Գևորգյան, Մ. Ավջյան

Г.В. Минасян (Минасов)

ШКОЛА ИГРЫ НА ДУДУКЕ

3-е издание

Редакторы:	Р. Алтунян, С. Аджемян, Р. Есаян
Художник:	М. Минасов
Оцифровка нот:	К. Саргсян
Фотографии:	З. Хачикян, А. Матосян
Компьютерная верстка и обложка:	Л. Малхасян
Русский перевод:	С. Минасова
Английскийперевод:	С. Геворкян, М. Авджян

G.V. Minasyan (Minasov)

Armenian Duduk Method

3rd Edition

Editors:	R. Altunyan, S. Atchemyan, R. Yesayan
Guest Editor:	D. Kherdian
Cover art by:	M. Minasov
Music Digitization:	K. Sargsyan
Photographers	Z.Khachikyan, A. Matosyan
Design & cover by	L. Malkhasyan
Russian translation:	S. Minasova
English translation:	S. Gevorkyan, M. Avjyan

© Georgy Minasov Books, 2017
www.minasovduduk.com

Made in the USA
Las Vegas, NV
18 September 2021

30528777R00144